SV

Uwe Nettelbeck

PROZESSE

Gerichtsberichte 1967–1969

Herausgegeben von Petra Nettelbeck
Mit einem Nachwort von Henrik Ghanaat

Suhrkamp

Bibliografische Information der Deutschen Nationalbibliothek
Die Deutsche Nationalbibliothek verzeichnet diese Publikation
in der Deutschen Nationalbibliografie;
detaillierte bibliografische Daten sind im Internet
über http://dnb.d-nb.de abrufbar.

Erste Auflage 2015
© Suhrkamp Verlag Berlin 2015
Alle Rechte vorbehalten, insbesondere das der
Übersetzung, des öffentlichen Vortrags sowie
der Übertragung durch Rundfunk und Fernsehen,
auch einzelner Teile.
Kein Teil des Werkes darf in irgendeiner Form
(durch Fotografie, Mikrofilm oder andere Verfahren)
ohne schriftliche Genehmigung des Verlages
reproduziert oder unter Verwendung elektronischer Systeme
verarbeitet, vervielfältigt oder verbreitet werden.
Satz: Satz-Offizin Hümmer GmbH, Waldbüttelbrunn
Druck: Pustet, Regensburg
ISBN 978-3-518-42482-7

Inhalt

Ich hatte doch keinen Grund

Der Fall des Malergesellen Eckart Mellentin, der zum Doppelmörder wurde

Vor der Justiz lag alles, was nacheinander so natürlich
gewesen war, sinnlos nebeneinander in ihm …
                                        Robert Musil

Am Abend des 6. Oktober 1965 tötete der damals vierundzwanzigjährige Malergeselle Eckart Mellentin aus Hamburg-Eppendorf, daran ist nicht mehr zu zweifeln, in seinem Mercedes 190 seine dreiunddreißigjährige Geliebte, die Redressiererin und spätere Sekretärin Ingrid Griebau, und den acht Monate alten Thorsten, ihr gemeinsames Kind.

Am Morgen des folgenden Tages bereits entdeckte ein Feuerlöschboot, das im Frühnebel dicht unter Land gelaufen war, am Elbstrand bei Övelgönne die halbbekleidete Leiche der Frau. Ein paar Meter von ihr entfernt fanden die Beamten der Mordkommission zwischen den Steinen auch die Leiche des Kindes. Beide Leichen wiesen Schlagverletzungen auf. Der Kopf der Frau war mit einem stumpfen Gegenstand eingeschlagen, um ihren Hals war ein zerrissener Nylonstrumpf zweimal geschlungen und verknotet. Am Hals des Kindes waren deutliche Würgemale zu erkennen. Als Todesursache konnte bei beiden Leichen zweifelsfrei Erwürgen festgestellt werden.

Noch am gleichen Tage, am Abend des 7. Oktober 1965 um 23 Uhr, wurde Eckart Mellentin in der Wohnung seiner Eltern festgenommen. Wenig später legte er ein volles und detailliertes Geständnis ab.

Er habe, sagte Eckart Mellentin in seiner ersten Vernehmung auf

9

dem Polizeipräsidium, nach einem Geschlechtsverkehr, der sich über längere Zeit hingezogen habe, mit einem Stein auf Ingrid Griebau eingeschlagen. Weil sie noch gestöhnt habe, er meine sogar, seinen Namen gehört zu haben, deshalb habe er ihr einen Strumpf vom Bein gerissen, den rechten, und sie erdrosselt. Weil das Kind auf dem Rücksitz geschrien habe, deshalb habe er auch noch das Kind getötet, mit der Hand erwürgt, nachdem das Kissen, mit dem er es zunächst bedeckt haben will, nicht half. Ingrid habe ihn erpreßt, ihn gequält, körperlich und moralisch. Er habe sie und Thorsten an diesem Abend vom S-Bahnhof Stadtpark abgeholt, in der Nähe, am Südring, habe er den Wagen abgestellt, es sei vorher schon zu einem Streit gekommen, weil er Ingrid nicht die fünfhundert Mark habe geben können, die sie von ihm gefordert habe. Er sei ausgestiegen, um auszutreten, dabei sei er mit dem Fuß gegen einen Stein gestoßen. *Ich wußte plötzlich, daß einer von uns beiden gehen mußte.* Er habe den Stein aufgehoben und mit in den Wagen genommen. Es sei noch zum Austausch von Zärtlichkeiten gekommen, danach habe er zugeschlagen. *Dann erfolgte mein Handeln gegen das Kind. Es hatte ja keine Mutter mehr und war allein auf der Welt, und es schrie, und ich konnte das nicht mehr hören. Als es im Auto still war, hätte ich mich am liebsten selbst getötet.* In rasender Fahrt, sagte er, sei er kurz darauf zum Hafen gefahren, dort habe er an einer dunklen Stelle Ingrid und Thorsten, ihre Handtasche und den Kinderwagen, ihren Schlüpfer und ein Netz mit Windeln in die Elbe geworfen. Dabei sei er von einem Streifenwagen vorübergehend gestört worden, dessen Besatzung die dortigen Fischhallen abgeleuchtet habe.

Eckart Mellentin fuhr nach Hause zu seinen Eltern. Am nächsten Morgen unternahm er die ersten unbeholfenen Versuche, Spuren zu beseitigen, obgleich es da keine Spuren mehr zu beseitigen gab. Pünktlicher als sonst erschien er an seinem Arbeitsplatz und bat darum, seinen Wagen zur Inspektion bringen zu dürfen. Zur Tankstelle gegenüber seiner und der Eltern Wohnung brachte er ihn. Er habe Farbe verschüttet, sagte er zu den Tankwarten, die er kannte, ob er seine Fußmatten auswaschen dürfe. Die blutigen Polster schnitt er heraus, den rechten Vordersitz montierte er ab, die Polsterstücke steckte er in einen Papiersack, den Sitz verstaute er im Kofferraum. Als die Kriminalpolizei den Wagen am Tag darauf sicherstellte, fand sie den Sitz im Kofferraum, fand sie den Papiersack, waren die Polster noch feucht von Blut.

Am 17. Januar 1967 fällte ein Hamburger Schwurgericht nach fünftägiger Verhandlung das Urteil über Eckart Mellentin: Wegen erwiesenen Mordes in zwei Fällen, begangen aus niederen Motiven, verurteilte es ihn zu zweimal lebenslangem Zuchthaus; es erkannte ihm die bürgerlichen Ehrenrechte auf Lebenszeit ab und legte ihm die Kosten des Verfahrens auf.

Das Gespenst Ali

Aber der Spruch erreichte Eckart Mellentin nicht mehr, nicht den Mann, der zweimal getötet hatte. Er sei nicht der Täter gewesen, waren seine letzten Worte; er sei unschuldig, hatte er zu Beginn der Hauptverhandlung gesagt. Der Eckart Mellentin, der sich nach der mündlichen Urteilsbegründung widerstandslos abführen ließ, nachdem er sich, dem Richter zugewandt, an die Stirn getippt hatte, war wahrscheinlich schon, auf der Flucht vor seiner Tat, die er nicht begreifen kann, hinter jene endgültige Schranke geraten, über die hinweg keine Verständigung mehr möglich ist. *Wie können Sie sagen, daß ich es begangen habe. Ich hatte doch keinen Grund. Es war Ali, der Algerier.*

Um sich zu retten, hatte er Ali, den Algerier ohne Familiennamen, erfunden – in einem Brief an die Staatsanwaltschaft drei Tage nach seiner Verhaftung, in dem er sein erstes Geständnis widerrief. Vielleicht hatte er in der Untersuchungshaft gehört, daß man es so anstellen müsse, vielleicht war Ali am Anfang wirklich nur ein plumper Trick, inzwischen jedoch, so sah es in der Hauptverhandlung aus, hat er sich Ali, dem Algerier, den es nicht gibt, anheimgegeben. Vielleicht glaubt er schon heute an ihn, daß er eines Tages an ihn glauben wird, an das Gespenst, das er beschworen hat, wohl um sich vor allem vor sich selber zu retten – dazu schien er entschlossen.

Es hätte der Geständnisse, die Eckart Mellentin abgelegt hat, seines ersten und der Geständnisse, die er dem Widerruf folgen ließ, der drei oder vier verschiedenen Geständnisse, die vermutlich alle einen Teil der Wahrheit enthalten, gar nicht bedurft, um Eckart Mellentin zu überführen – zu eindeutig waren die Indizien, die gegen ihn sprachen. Bei seiner ersten Vernehmung gab er Details zu Protokoll, die nur der Mörder wissen konnte: die Art der Kopfverletzungen; daß der Strumpf, mit dem er Ingrid erdrosselt habe, dabei gerissen sei; ein Streifenwagen hatte tatsächlich in der fraglichen Nacht die Fischhallen abgeleuchtet. Später gab er an, diese Einzelheiten habe ihm Ali am Telephon mitgeteilt. Die Ingrid habe aber mürbe Strümpfe angehabt, soll Ali da gesagt haben, als er ihm *lapidar die Kausalität zur Tat hin* geschildert habe.

Daß einer, der des Doppelmordes überführt ist und ihn gestanden hat, ihn dann leugnet bis zuletzt, einem Richter ins Gesicht, der es nicht hat fehlen lassen an menschlicher Anstrengung, zu verstehen, Erklärungen zu finden für das Unfaßbare, das doch in ein Strafmaß gefaßt werden mußte, damit der Ordnung, dem Recht der Sozietät, Ordnung sich zu schaffen und zu erhalten, Genüge geschehen konnte, das kann, auf unserer Seite jener Schranke, nichts anderes sein als Berechnung, als ein üblicher Versuch, sich der Strafe zu entziehen, als Unverbesserlichkeit auch dann, wenn es nur der blanke Irrsinn ist.

Eckart Mellentin hatte eine Chance: die, bei seinem Geständnis zu bleiben, dem Richter bei seiner Suche nach Erklärungen zu helfen, um Mitleid zu bitten. Aber es war, als wollte er sich allem Mitleid verschließen. Das ist einer der Schrecken dieses Falles: Durch sein unbegreifliches Leugnen, durch die abstrusen und doch so kläglich durchsichtigen Erfindungen, die Eckart Mellentin zwischen sich und seine Tat schob, nahm er dem Gericht jeden denkbaren Zweifel an der Verworfenheit seines Handelns. Unablässig, so schien es, war er darum bemüht, den Geschworenen den Anblick eines heimtückischen Mörders zu bieten, eines Mörders, dem keine Lüge zu frech ist, der für das Gericht nur ein verächtliches Grinsen hat. Dabei gibt es Erklärungen für Eckart Mellentins Tat und waren – wenn auch vielleicht nicht im Sinne des Mordparagraphen – Zweifel daran erlaubt, ob Eckart Mellentin wirklich der voll zurechnungsfähige, gemeine Mörder war, als der er jetzt für immer hinter Zuchthausmauern verschwindet.

Ich hatte Angst abzustürzen

Eppendorf – das ist einer der besseren Stadtteile in Hamburg. Man kann sagen, daß dort vor allem brave Leute wohnen. Und die Mellentins, Adolf, der Vater, und Marie, die Mutter, sind brave Leute. Während des Krieges zogen sie, ausgebombt, nach Mecklenburg; 1957 nahm Adolf Mellentin seinen Sohn Eckart von der Schule, der damals, wie der Angeklagte sagte, *keine Ambition mehr zum Lernen hatte,* und kehrte mit ihm illegal zurück nach Hamburg. Die Mutter und Eckarts jüngere Schwester Gisela, der von einer frühen Poliomyelitis eine halbseitige Lähmung geblieben ist, sollten später nachkommen. Erst wollte Adolf Mellentin zusammen mit Eckart das Malergeschäft in Eppendorf aufbauen. Anderthalb Jahre lang schufteten Vater und Sohn – dann war es soweit. Das Geschäft florierte, weil die

Mellentins auch nachts und an den Wochenenden arbeiteten, bei Ärzten und Rechtsanwälten, die tags und in der Woche ihre Räume nicht entbehren konnten. Die Mellentins legten Wert auf eine gute, gehobene Kundschaft.

Nach einigen Jahren verließ Eckart das väterliche Geschäft und nahm Arbeit bei einer Anstreicherfirma an, die ihn nach Tarif bezahlte, doch bis zu jenem 6. Oktober 1965 hat er seinem Vater stets geholfen, wenn es nottat – nachts und am Wochenende. Eckart Mellentin war ungewöhnlich tüchtig, fast tausend Mark im Monat hatte er zum Ausgeben, davon konnte er sich den großen Wagen leisten, den er korrekt bezahlt hat. Überhaupt gab es in seinem Leben nichts, das nicht nach Eppendorf paßte. Er trank nicht, nur Malzbier, rauchte nicht und mied Vergnügungslokale, bei der Bundeswehr trug er sogar eine Auszeichnung davon, die gewöhnlich an Reservisten nicht verliehen wird. Eckart sei nicht wie die anderen gewesen, sagte der Vater vor dem Richter, stolz auf den Erfolg seiner Erziehung und umso ratloser zugleich angesichts dessen, was sich dennoch entlud.

1962 lernte Eckart das Mädchen Heide Krothel kennen, die damals siebzehn war. Es sei Liebe auf den ersten Blick gewesen, sagte sie vor dem Richter. Als ihre Tochter Carmen kam, verlobten sich Heide und Eckart, die Heirat schien nur noch eine Frage der Zeit. Doch Heide Krothel fuhr in den Schwarzwald, ein paar Monate nur, aber zu lange; denn Eckart traf inzwischen bei der Arbeit in der Wohnung der Reinmacherfrau Kommritz deren Tochter Ingrid, die geschiedene Frau Griebau. *Sie hat mich praktisch verführt. Ich bin sehr reizbar. Sie lud mich ein, an einem Sonnabend, und sie kam mir mit offenem Morgenrock entgegen.* Und da war plötzlich etwas in Eckarts Leben, das nicht hineinpaßte, eine ältere Frau, die mit ihm Dinge trieb, über die er zu Hause nicht reden konnte. *Sie war eine erfahrene Frau, und sie war sehr gerissen. Ich machte alles mit, was sie wollte, aber ich schämte mich. Ich hatte Angst vor ihr, Angst, daß sie mich aus-*

lachen würde, und es war sehr anstrengend, immer nach der Ar-
beit, jeden Tag. Und weil ich so viel arbeitete, dachte ich, das wür-
de nicht gut sein für mich, ich könnte abstürzen, dachte ich, ich
arbeitete draußen im vierten Stock. Aber auf dem Sofa wurde
mir immer ganz anders, da kam der erotische Teil über mich,
und sie war offenbar begeistert, hatte nie genug. Sie kannte sich
in jeder Lage so gut aus. Wenn sie merkte, daß ich gut in Form
war, Sie wissen schon, verführte sie mich immer.
Ob er seinen Sohn denn jemals aufgeklärt habe, fragte einer der
Sachverständigen Adolf Mellentin. Nein, das habe er nicht, aber
ihn selber habe man auch nicht aufgeklärt und bei ihm sei alles
gutgegangen. Ob er jemals mit seinem Sohn über Frau Griebau
gesprochen habe. Nein, das habe er nicht, die Frau sei der Familie solch ein Ekel gewesen, daß sie nie über sie gesprochen hätten.
Eckart war Frau Griebau überlassen, und er wurde nicht fertig
mit ihr. Der Arzt habe ihr gesagt, sie könne keine Kinder bekommen, er brauche keine Angst zu haben, erklärte sie ihm. Aber
sie bekam doch ein Kind – Thorsten. Da wurde dem Eckart Mellentin bang, aber sie ließ nicht locker. Heiraten wolle sie ihn zwar
nicht, soll sie gesagt haben, aber sie werde dafür sorgen, daß ihn
auch keine andere kriege. Und Ingrid Griebau ging nicht zimperlich mit ihrem Malergesellen um, steckte Zettel an seinen Wagen, in den Hausbriefkasten der Mellentins: *An die männliche*
Nutte Eckart Mellentin. Du müder Liebhaber. Deine Eltern sind
genauso verlogen wie Du, Du Schwein. Wenn Du huren kannst,
kannst Du auch arbeiten. Ich zeige Dich bei der Krankenkasse
an. Sie habe immerzu angerufen, auch nachts, sagten die Eltern,
sie habe Kunden aufgesucht und Eckart schlecht gemacht, sie
habe das Kind herumgezeigt. Das sei von Eckart, der männ-
lichen Nutte, von dem Mellentin, dem Schwein, soll sie dabei erklärt haben.
Schlimm wurde es für Eckart Mellentin, als seine Verlobte Heide,
die inzwischen nach Hamburg zurückgekehrt war, sich mit Frau

Griebau hinter seinem Rücken in Verbindung setzte. Als er eines Abends Ingrid besuchte, trat Heide ins Zimmer. Seine Augen seien immer größer geworden, sagte Heide vor dem Richter, dann sei er die Treppe hinuntergelaufen, aber die Haustür sei schon verschlossen gewesen. Ingrid habe ihn zurückgeholt, lachend, er habe nichts gesagt, noch einmal sei er davon, wieder sei Ingrid hinter ihm hergestürzt, erst beim dritten Mal habe sie aufgeschlossen und ihn hinausgelassen, es sei eine schreckliche Szene gewesen. Am gleichen Abend noch sei Eckart zu ihr gekommen, um sich zu erklären, aber sie habe ihn weggeschickt. Ja, sie habe ihm auch einen bösen Brief geschrieben und ihm gedroht, sie werde etwas unternehmen, wenn er die Alimente für Carmen nicht zahle. Aber er habe eigentlich immer bezahlt. Er sei auch sehr nett gewesen zu dem Kind. Auf der Zeugenbank rang Heide Krothel, die erwachsen geworden ist, ihre Hände, niedergedrückt von ihrem, wenn auch noch so geringen Teil an Schuld. Sie hat sich mit Ingrid Griebau geduzt. Sie habe Ingrid Griebau häufig besucht, aber nur, um zu verhindern, daß Ingrid Griebau sie ihrerseits besuchte. Sie hat zu dem Druck beigetragen, unter dem Eckart Mellentin stand, und sie weiß es. Dem Richter sagte sie, sie betrachte sich entgegen einer früheren Aussage nach wie vor als die Verlobte des Angeklagten.

Dieser Junge Eckart Mellentin wehrte sich. Zum ersten Mal in seinem Leben, das müssen wir ihm und seinen Eltern glauben, schlug er zurück, und das war dann gleich die Katastrophe. Sie hatte sich nicht angekündigt, sie kam unvorbereitet über alle, die an ihr zugrunde gingen. Wenige Tage vorher hatte Eckart Mellentin noch das Kinderbett gestrichen – Thorstens Bett. Und als Ingrid Griebau am S-Bahnhof Stadtpark in seinen Wagen stieg, ahnte er den Mord so wenig wie sie. Wohl war zu erwarten, daß es nicht gutgehen werde auf die Dauer, eine Lösung mußte gefunden werden, für eine der Frauen mußte Eckart Mellentin sich entscheiden. Aber er versuchte es nicht einmal, die Fäden zu entwirren, die ihn gefangenhielten in einer für ihn unerträglichen Situation. Dazu fehlte es ihm an Geschick, an Übersicht. Er wehrte sich, aber so radikal und so unbeholfen auch, wie sich nur Menschen wehren, denen der Verstand nicht gegeben ist, den der Mensch so nötig braucht, um zwischen Erdulden und Raserei den Weg zu finden. Auch darum begreifen die Mellentins nicht: Was Eckart in einem Augenblick als die einzige Lösung erschien, erscheint heute als die einzige Lösung, die keine war. Keine Spur führt zu einem Mord, wenn er geschehen ist, und alle Erklärungen erklären das eine nicht: seine Unwiderruflichkeit.

Als Zeugin der Anklage trat die Mutter der Ermordeten vor den Richter, eine kleine, verbitterte Frau, eine Greisin mit neunundfünfzig Jahren. Sie hatte alles vergessen, auch den ewigen Zank mit ihrer Tochter, der Ingrid Griebau bewog, aus der gemeinsamen Wohnung auszuziehen und sich ein möbliertes Zimmer zu nehmen. Sie wiederholte nur, was damals, nach der Tat, die Zeitungen schrieben: Es werde alles wieder gut, habe Ingrid noch zu ihr gesagt, sie werde jetzt gehen, um den Vati zu treffen.

Widerstand mit dem Kopf

Am ersten Tage der Verhandlung versuchte Eckart Mellentin noch, wenigstens sein Leugnen in Worte zu fassen, nachdem er seine Tat nicht mehr in Worte fassen konnte, in der absurden Hoffnung vielleicht, sich zusammen mit Ali zu seinem Richter durchlügen zu können, wenn ihm nur die richtigen Wendungen einfielen, wenn es ihm nur gelänge, Ali in der Sprache seines Richters auferstehen zu lassen. Und so trug er an Fremdwörtern und vermeintlich feinen Wendungen zusammen, was sein armer Kopf noch hergab. Auf die Frage des Richters, warum er sich denn mehrmals durch Geständnisse belastet habe, wenn er die

Tat nicht begangen habe, sagte er, diese Symptome deutend, es sei dies wohl eine Bildungslücke gewesen, aber er habe in der Haft dazugelernt: *Die Hausnummer ist mir jetzt obskur. Da war ich schon arretiert. Ich habe mit so einem naiven Realismus der Beamten nicht gerechnet, deshalb habe ich gestanden. Die wollten ja Nonsense hören. Da habe ich die Decken eliminiert. Ich habe das in meinem Affidavit schriftlich niedergelegt. In meiner sympathetischen Alteration. Um das für mich veritabel erscheinen zu lassen. Es gab für mich eine Alternative dawider, und ich bitte mit Silentium darüber hinwegzugehen.* Vom zweiten Tag an schwieg er, leistete er Widerstand mit dem Kopf nur noch, indem er ihn schüttelte.

Unser aller Unglück

Die Mellentins haben es schwer gehabt nach der Festnahme ihres Sohnes, nach den Schlagzeilen der Groschenpresse vom Elbemörder, der seine Geliebte und sein Kind aus Geiz erwürgt habe, von der rührenden Frau, die das Opfer ihrer Liebe geworden sei. Anonyme Anrufe kamen, sie sollten ihre Sachen packen und verschwinden. Aber schwerer als daran trugen und tragen sie an den Fragen, die sich ihnen stellten und auf die sie keine Antworten fanden und finden: Wie konnte das geschehen, sie hatten doch alles für ihren Jungen getan. War es denn wirklich geschehen? Die Mellentins haben den 6. Oktober 1965 so wenig überstanden wie ihr Sohn. In der Hauptverhandlung versuchten sie, ihm ein notdürftiges Alibi auszustellen: Eckart könne es nicht gewesen sein, er sei den ganzen Abend zu Hause gewesen. Sie kenne doch die Schritte ihrer Männer, sagte Marie Mellentin, auch Eckarts Schuhe habe sie gesehen an jenem Abend, das Paar, das er immer zum Ausgehen angezogen habe. Den Ali, den hätten sie zwar nie getroffen, aber daß es ihn gebe, da seien sie sicher. Es habe auch

jemand am Tage darauf abends angerufen. Und auch später noch
seien Anrufe gekommen, in einer ausländischen, unverständ-
lichen Sprache, und im Hintergrund sei die gleiche wilde Musik
zu hören gewesen wie bei den Anrufen der Ingrid Griebau. Das
haben die Mellentins auch herumerzählt in der Gegend, in der
sie wohnen, in Eppendorf. Es meldete sich sogar ein Zeuge für
die Verteidigung, ein Friseur, der wußte, daß Ingrid Griebau
mit Ausländern und auch mit Rauschgift zu schaffen hatte. Woher er das wisse? Von den Mellentins. Und seit wann? Das habe
er nach dem 6. Oktober erfahren.

In Eppendorf wohnen brave Leute, aber was geht in diesen bra-
ven Leuten vor? Auch aus ihnen brach es heraus. Casablanca, man
wisse doch schließlich, sagte Adolf Mellentin, wer da hingerate,
der komme nicht zurück, das habe er erlebt mit einem Freund.
Ingrid Griebau habe eine Schwester, die sei in Marokko, in
Casablanca verheiratet mit einem Marokkaner, und Ingrid Griebau habe Eckart nach Casablanca locken wollen. Sein Sohn sei
bedroht worden, da sei er sicher.

Daß es ineinandergriff, was Eckart sagte und was seine Eltern
sagten, lag nicht an Absprachen oder Kassibern, die Übereinstimmung saß tiefer: Casablanca und Ali, das deckte sich nicht
von ungefähr; diese Frau, die den Eltern ein Ekel war, war es dem
Sohn in einer Weise nicht minder. Von ihr kam unser aller Unglück, sagten die Eltern, die an böse Geister nicht mehr glauben,
aber an böse Ausländer und verruchte, geschiedene Frauen und
die Sünde des Fleisches. Sie war mein Unglück, sagte sich der
Sohn, guterzogen wieder. Was ich mit ihr trieb, das war schlecht,
ich mußte mich von ihr befreien, irgendwie. Ali hat es getan,
denn wie konnte es Eckart Mellentin tun.

Während der fünf Tage der Hauptverhandlung stemmten sich
Vorurteile gegen das zu erwartende Urteil, versetzte der Glaube,
daß nicht sein kann, wofür es keine eppendorfschen Erklärungen gibt, seinen Berg, traten die Mellentinschen Fiktionen gegen

unleugbare Tatsachen an, wurde eine Realität gegen eine andere ins Feld geführt und verlor sich immer wieder eine greifbare Schuld, die zwei tote Menschen hinterlassen hat, in der grauenvollen Solidarität einer vernichteten Familie.

In der mündlichen Urteilsbegründung reduzierte das Gericht die Tat des Eckart Mellentin auf das an ihr Feststellbare, den gemeinen Mord. Eckart Mellentin habe, um sich aus einer durchaus unangenehmen Situation zwischen zwei Frauen zu lösen, eine Frau getötet, die ihm lästig geworden sei, und ein Kind, das ihn gestört habe. Diese Tat stehe auf dem niedrigsten sittlichen Niveau. Es konnte nicht anders entscheiden. Das Strafgesetz ist nicht für einen, sondern für alle da. Nur trifft es eben immer einen Menschen, der keinem anderen gleicht, und richtet es stets über einen Fall, der ohne Beispiel ist.

Ich hab' doch solche Angst gehabt vor dem Mann

Ein Leben ohne Chance –
Der Frankfurter Kindsmordprozeß gegen Ursula Kablau (I)

*Mörder ist, wer aus Mordlust, zur Befriedigung des Geschlechtstriebes,
aus Habgier oder sonst aus niedrigen Beweggründen, heimtückisch
oder grausam oder mit gemeingefährlichen Mitteln oder um eine andere
Straftat zu ermöglichen oder zu verdecken, einen Menschen tötet.*

Strafgesetzbuch § 211

Am Abend des 5. Januar 1965, einem Dienstag, erschien auf einer
Polizeiwache der Frankfurter Innenstadt die vierundzwanzigjährige verheiratete Reinmachefrau Ursula Kablau und gab das
Verschwinden ihrer kleinen Tochter, der siebenjährigen Beate,
zu Protokoll. Das Kind habe, erklärte Ursula Kablau unter Trä-
nen, gegen Mittag die Wohnung verlassen und sei nicht zurückgekehrt.
Nach einer kurzen, routinemäßigen Befragung schickte die Polizei Ursula Kablau nach Hause: Sie solle sich bis zum nächsten
Morgen gedulden, vielleicht finde sich das Kind von selber ein.
Aber Beate blieb verschwunden, auch über Nacht. Am nächsten
Morgen erschien Ursula Kablau erneut auf der Revierwache 1 –
diesmal in Begleitung ihres Mannes, des achtunddreißigjährigen
Glasers und Hausmeisters Walter Kablau, des Stiefvaters. Er sei
in Sorge, erklärte Walter Kablau, er könne sich nicht vorstellen,
was mit dem Kind geschehen sei. Vergeblich habe er das ganze
Haus von oben bis unten nach Beate abgesucht.
Die Polizei versprach, alles Notwendige zu veranlassen, nahm
eine förmliche Vermißtenanzeige auf und kurbelte die Fahndung
an. Kriminalbeamte suchten die Wohnung der Eltern in der Gro-

ßen Friedberger Straße 31 auf – ein kärglich eingerichtetes Zimmer, das die im selben Haus untergebrachte Einkaufsgenossenschaft selbständiger Glaser, bei der Walter Kablau arbeitete, ihm und seiner Familie, zu der noch die vierzehn Monate alte Tochter Dagmar zählte, als Hausmeisterwohnung zur Verfügung gestellt hatte. Das alte Haus, das wie ein düsterer Block in der geschäftigen Innenstadtstraße steht und durch dessen schmale Hofeinfahrt man in einen geräumigen Hof gelangt, steckte an diesem Morgen voller Polizisten. Hunde wurden eingesetzt, die Beamten verhörten die Hausbewohner und die Arbeitskollegen Walter Kablaus – Beate blieb spurlos verschwunden, niemand wußte über ihren Verbleib etwas zu sagen.

Am Donnerstag machte Beates Verschwinden Schlagzeilen in der Lokalpresse. Am Freitag wurde die Polizei nervös. Der Verdacht, daß ein Verbrechen vorliege, müsse in Erwägung gezogen werden, erklärte die Staatsanwaltschaft, es bestehe nur noch eine geringe Hoffnung, das Kind lebend zu finden. Eine Belohnung von zehntausend Mark wurde ausgesetzt.

Am Morgen des 9. Januar, einem Sonnabend, taumelte Walter Kablau in den Hof des Hauses in der Großen Friedberger Straße und schrie: *Beatschen liegt tot im Keller! Welch ein Anblick! Das Schloß ist aufgebrochen!* Als die Beamten der sofort alarmierten Mordkommission unter der Leitung des Kriminalhauptkommissars August Schmidt wenige Minuten später eintrafen, begann Walter Kablau um sich zu schlagen. *Fangt mir den Mörder!* Von dem Stuhl, auf den ihn Arbeitskollegen setzten, fiel er herunter, er mußte auf einen Tisch gelegt und festgehalten werden. *Ich war ein guter Vater! Ich habe das Kinderzimmer schon eingerichtet! Und Beate eine Tapete nach ihrem Geschmack ausgesucht!* Ursula Kablau stand daneben und weinte; ihr eine Beruhigungsspritze zu geben, die ihr Mann schon bekommen hatte, hielt der herbeigeholte Arzt für überflüssig.

Immer gut mit dem Kind …

Zum erstenmal betraten in diesem Augenblick, obwohl der Verdacht eines Verbrechens bereits seit zwei Tagen in Erwägung gezogen worden war, Kriminalbeamte den mit einem einfachen Zahlenschloß gesicherten Kellerverschlag der Kablaus. Das Schloß war geöffnet, aber nicht aufgebrochen. Auf einer durchnäßten Matratze, in Anorak und Stiefeln, lag in einer Ecke die übel zugerichtete Leiche des Kindes. Deutlich war zu erkennen, daß Beate geschlagen und erwürgt worden war, ebenso deutlich, daß es im Keller geschehen sein mußte. Die Eheleute Kablau wurden daraufhin vorläufig festgenommen.

Am Abend des gleichen Tages war für die mit der Aufklärung des Falles betrauten Beamten *die Sache schon gelaufen.* Aus dem Tötungsfall zum Nachteil des Kindes Beate wurde auch ein Ermittlungsfall zum Nachteil der Frankfurter Kriminalpolizei.

Nur die Kablaus, entweder zusammen oder einer von ihnen, konnten es gewesen sein. Das stand fest. Nur sie hatten Zugang zu ihrem Keller gehabt. Zwar hatte Walter Kablau die Beamten davon abgehalten, den Keller schon am Mittwoch zu durchsuchen, indem er ihnen mehrmals erklärte, das schon selber besorgt zu haben, sogar mit anderen Hausbewohnern zusammen, was nicht stimmte, aber Walter Kablau belastete seine Frau. Er traue Frauen alles zu, sagte er, die Ursel müsse es gewesen sein, denn sie habe Beate schon einmal in den Keller gesperrt und auch geschlagen, und damals habe Beate genauso dort gelegen wie jetzt. Er dagegen sei immer gut zu dem Kind gewesen. Und Ursula Kablau verwickelte sich in – wenn auch zunächst nur geringfügige – Widersprüche zu den Angaben ihres Mannes.

Da hatten wir doch etwas in der Hand. Uns kam die Frau gleich verdächtig vor. Sie hat nicht richtig geweint, sondern uns über ihr Taschentuch angeblinzelt. Walter Kablau aber zeigte echte

Rührung. Daß er uns in die Irre geführt hatte, kam uns nicht wesentlich vor. Wir sagten ihm, er solle sich alles einmal in Ruhe überlegen. Da hat er sich alles in Ruhe überlegt. Wir hatten ein gelöstes Gespräch mit ihm. Es tat ihm leid, daß wir durch seine Schuld in den Zeitungen herumgeschmiert werden würden. Wenn er es gewesen wäre, hätten wir in einer Viertelstunde ein Geständnis von ihm gehabt. Er war ein weicher, hilfloser Mensch. Wir haben schließlich unsere Erfahrungen. Der Kriminalhauptkommissar August Schmidt ist sich auch heute noch seiner Sache sicher. Daß er fahrlässig ermittelt haben könnte, kommt ihm nicht in den Sinn. Er ist ein erfahrener Beamter. Er leitet das Erste Kommissariat der Frankfurter Kriminalpolizei, zuständig für Mord und Raub, schon seit Jahren.

Er schickte Walter Kablau zu seiner Frau. In einen Raum mit einer Abhöranlage und einer nur von außen durchsichtigen Scheibe. Der hilflose Walter Kablau zeigte sich hilfsbereit: *Lassen Sie doch mich mal zu ihr rein, ich will sehen, was ich machen kann.* Daß Walter Kablau von der Abhöranlage wußte, wagt Kommissar Schmidt nicht zu bestreiten. Walter Kablau schrie seine Frau an: *Gib doch endlich zu, daß du Beatschen erwürgt hast! Sag es, du zerstörst meine Existenz!*

Daß es schlecht stehe für ihn, denn entweder er oder seine Frau seien dran, hatte ihm der Kommissar vorher eingeschärft. Doch Ursula Kablau blieb fest. Sie sei es nicht gewesen. Sie wußte nichts von der Abhöranlage und nichts von dem Tonband, das lief. *Daß du gerade das zu mir sagst!* Sie wisse jetzt Bescheid, schrie Walter Kablau zurück.

Die Beamten ließen ihn nach Hause gehen, seine Frau behielten sie in Haft. *Sie hat zwar noch nicht gestanden, aber wir haben sie schon hundertprozentig.* So beruhigten sie den Mann. Ein Vernehmungsprotokoll zeigt, daß sie Erfolg hatten: *Nachdem ich eine Nacht darüber geschlafen habe, bin ich nun bereit, die volle Wahrheit zu sagen.* Das mit dem Keller sei ein harmloses Mißverständnis gewesen; seine Frau habe es aber bestimmt getan, denn sie habe das Kind schon immer gequält und geschlagen, sogar mit dem Kochlöffel.

Und Ursula Kablau gestand, nachdem ihr der Kommissar Schmidt noch einmal *massiv ins Gewissen* geredet hatte. Es war ein merkwürdiges Geständnis, mit dem Satz *Ich wollte doch mein Kind nicht töten* begann es. Kommissar Schmidt hat eine Erklärung: *Das sagen doch alle. Wir haben schließlich unsere Erfahrungen.* Noch am Sonntag konnte er die Täterin und ihr Geständnis, die *eiskalte Mutter,* dem Haftrichter vorführen.

Sie sei mit den Nerven völlig herunter gewesen, so gab Ursula Kablau in ihrem ersten Geständnis an, ihr Mann habe ihr immer wieder Vorwürfe gemacht wegen der Beate und gesagt, das Kind müsse weg. Sie habe Beate drei Eßlöffel Schlafsaft gegeben. *Sie sollte doch keine Schmerzen haben. Und sie sollte auch nicht frieren, ich hab' ihr den Anorak angezogen und die Stiefel.* Sie sei dann zusammen mit Beate, die schon schläfrig gewesen sei, in den Keller gegangen und habe sie dort erwürgt, mit einem bunten Halstuch. *Ich habe geglaubt, daß sie noch atmet. Ich habe gehofft, das Kind kommt wieder zu sich, daß ich es wieder raufholen könnte, und mein Mann würde uns besser behandeln dann.* Der Haftbefehl wegen Mordes wurde erlassen.

Ungefähr fünf Monate später, am 18. Mai 1965, erhielt Walter Kablau, der mit seiner Firma nach Bergen-Enkheim, einem Frankfurter Vorort, gezogen war und sich mit einer Marliese Bettinger zusammengetan hatte, die später mit einer Tochter von ihm niederkam und heute an einer Epilepsie leidet, eine auf den 19. Mai terminierte Vorladung zum Untersuchungsrichter. Für diesen nämlich war die Sache noch lange nicht gelaufen: Dem Landgerichtsrat Müller wurde nicht wohl bei den Vernehmungen der Ursula Kablau, er begriff, daß da noch etwas geklärt werden mußte.

Zu dieser Vorladung ist Walter Kablau nicht mehr erschienen.

Am 19. Mai verschwand er. Es hatte eine Auseinandersetzung mit seinem Chef gegeben, dem es unangenehm war, daß der noch immer mit Ursula Kablau verheiratete Mann mit einer anderen Frau in die Werkswohnung eingezogen war. Wenn ihm das nicht erlaubt werde, werde er mit Marliese Bettinger nach Speyer ziehen, sagte Walter Kablau. Er kündigte, von Marliese Bettinger dazu getrieben, seine Stellung. Arbeitskollegen rieten ihm gut zu, er solle sich diesen Schritt doch noch einmal genau überlegen, er könne doch die Frau Bettinger vorübergehend anderswo unterbringen und die Scheidung abwarten. Daraufhin nahm Walter Kablau, an dem Tage, an dem er verschwand, die Kündigung zurück. Acht Tage später, am Himmelfahrtstag, wurde seine Leiche aus dem Main gezogen.

Als sie vom Tode ihres Mannes erfuhr, widerrief Ursula Kablau ihr Geständnis: Es sei nicht in allen Punkten wahr, was sie bisher gesagt habe, weil sie Angst vor ihrem Mann gehabt habe. Sie habe Beate nicht getötet, sie sei nur dabeigewesen, als Walter Kablau es getan habe.

Am Tage vor der Tat, sagte sie nun dem Landgerichtsrat Müller, habe Walter Kablau sie angeherrscht, sie solle endlich das Kind wegschaffen. Beate sei Walter Kablau lästig geworden, außerdem habe er gefürchtet, es könne herauskommen, von wem das Kind war, von Hartmut Bruch nämlich, ihrem ersten Mann, von dem niemand gewußt habe und von dem auch niemand habe erfahren sollen. Bei der Heirat hätten sie und Kablau vor dem Standesbeamten ihre erste Ehe verschwiegen. Wenn das herauskäme, habe ihr Walter Kablau gedroht, dann sei sie nirgendwo mehr sicher. Sie habe Angst gehabt vor ihrem Mann. Sie solle Beate in einen Sack stecken und Steine dazu und in den Main werfen, habe er gefordert; sie habe sich geweigert.

Da sei Walter Kablau weggegangen und habe den Schlafsaft besorgt. Kurz vor dem Mittagessen am 5. Januar, sie habe *Arme Ritter* gemacht, habe er plötzlich vor ihr gestanden. Er habe gesagt, sie solle einen Eßlöffel holen und Beate den Saft geben. Als sie sich geweigert habe, habe er sie zur Seite gestoßen und es selber getan. Sie habe es nicht glauben wollen. Er habe gesagt, sie solle Beate in den Keller schaffen, denn wer nicht hören könne, der müsse fühlen.

Sie habe solche Angst gehabt. Deshalb habe sie Beate in den Keller geführt. Sie habe ihr den Anorak angezogen und die Stiefelchen. Ihr Mann sei weggegangen. Da habe sie Dagmar gefüttert. Eine halbe Stunde später sei er wiedergekommen. Sie habe ihn gebeten, Beate wieder heraufholen zu dürfen. Er solle zur Vernunft kommen, habe sie zu ihm gesagt. Sie habe versucht, aus der Wohnung zu kommen, aber er habe sich ihr in den Weg gestellt. Sie habe Angst vor seinem Schlagring gehabt. Er habe verlangt, daß sie das Tuch und ein Tischbein nehme, und habe sie dann in den Keller mitgeschleift. Er habe sich hinter sie gestellt und ihr befohlen, das Kind zu erwürgen. Als sie sich geweigert habe, habe er furchtbar zugeschlagen, es sei ihr alles verkehrt geworden danach. Sie habe sich dann niedergekniet und Beate das Tuch um den Hals gelegt, aber fest zugezogen habe sie es nicht.

Da habe sie ihr Mann noch einmal geschlagen. Und ihr das Tischbein in die Hand gegeben und gesagt, wenn sie das Kind nicht erwürgen könne, dann solle sie es erschlagen. Da habe sie das Tischbein genommen und habe Beate damit geschlagen. Auf die Brust, aber nicht fest, Beate habe noch geatmet. Da sei ihr Mann sehr wütend geworden. Er habe sie zur Seite gestoßen und das Tischbein aus der Hand gerissen. Sie habe mit dem Gesicht zur Wand gestanden und nichts gesehen. Sie habe solche Angst gehabt.

Der undurchsichtige Glasergeselle

Was ihr Mann mit Beate gemacht habe, das wisse sie nicht, sie wisse nur, daß er auf Beate eingeschlagen habe mit dem Tischbein. Dann habe er sie zurück in die Wohnung geschickt. Erst am späten Nachmittag habe sie ihn wiedergesehen. Da habe er ihr gedroht, wenn sie etwas verriete, dann würde ihr etwas passieren. Zwischendurch habe sie versucht, in den Keller reinzukommen, aber das sei nicht gegangen, weil die Zahlen auf dem Schloß nicht mehr richtig gewesen seien. Zur Polizei habe sie sich schicken lassen, weil sie gehofft habe, daß die Polizei Beate finden werde. Als Beate nicht gefunden worden sei, habe sie nicht mehr geglaubt, daß Beate noch im Keller sei. Deshalb habe sie auch, als am Donnerstag ihr Bruder aus Ellenbach gekommen sei, gesagt, er solle doch über Nacht bleiben, es sei eine Matratze im Keller, die er heraufholen könne. Aber ihr Mann habe gesagt, er sei zu fertig von den Verhören, er wolle das nicht. Sie habe nichts gesagt, auch bei der Polizei nicht und später nicht, weil sie solche Angst gehabt habe vor ihrem Mann. Darum habe sie auch das Geständnis abgelegt. *Ich soll alles auf mir nehmen, hat er mir gesagt, als wir bei der Polizei allein in einem Zimmer waren. Ich tät Bescheid wissen, hat er mir gesagt.*
Spätestens in dem Augenblick, als Ursula Kablau diese ihre früheren Aussagen erheblich ergänzenden Einlassungen vorbrachte und als zu erwarten war, daß sie sie in der Hauptverhandlung wiederholen werde, was sie dann tatsächlich getan hat, und nachdem Walter Kablau sich einer nochmaligen Befragung ohne ein zutage liegendes Motiv auf immer entzogen hatte, wäre es an der Zeit gewesen, den undurchsichtigen Glaser einmal, so genau es noch ging, unter die Lupe zu nehmen. Aber die Staatsanwaltschaft veröffentlichte nur eine erstaunliche Erklärung, in der es hieß, es habe sich nach wie vor kein Anhaltspunkt für einen Verdacht gegen Walter Kablau ergeben. Daß Ursula Kablau ihr

erstes Geständnis widerrief oder vielmehr auf eine entlastende Weise ergänzte, erschien den Ermittlungsbehörden offenbar nur zu natürlich.

Dieses Maß an Sicherheit, schon damals, von Anfang an, irritiert. Die Kriminalpolizei sprang so wenig zimperlich mit Ursula Kablau um, daß die Samthandschuhe, mit denen sie Walter Kablau anfaßte, nicht recht dazu passen wollen. Diesen Mann als unverdächtigen Zeugen gegen seine Frau zu akzeptieren, war zumindest kühn.

Mehr als anderthalb Jahre gingen von Walter Kablaus Tod bis zur Eröffnung der Hauptverhandlung am 11. Januar 1967 ins Land. Über zwei Jahre sitzt Ursula Kablau nun schon in Untersuchungshaft. So lange sollte kein Angeklagter auf sein Verfahren warten müssen. Vor allem dann nicht, wenn in dieser Zeit nichts geschieht. Und es geschah nichts.

Ursula Kablau wurde noch nicht einmal einer gründlichen Beobachtung unterzogen, jedenfalls nicht in einer psychiatrischen Klinik.

Der Mordprozeß gegen Ursula Kablau begann auf Grund einer Anklageschrift, die sich auf ihr erstes Geständnis stützte, und vor einem Ermittlungsgrab. Er begann ohne den wichtigsten Zeugen für oder wider ihre Schuld. Zwar wurde noch ein zweiter psychiatrischer Gutachter hinzugezogen, ein vielbeschäftigter, von Termin zu Termin gehetzter Gerichtsmediziner, aber erst einen Tag vor der Hauptverhandlung, und leider nur deshalb, weil das schriftliche Gutachten des ersten psychiatrischen Sachverständigen offenbar Angriffspunkte für die Verteidigung oder den Staatsanwalt bot und so eine Aussetzung des Verfahrens hätte herbeiführen können. Dieser zweite Gutachter soll nun während der Hauptverhandlung den psychischen Zustand der Angeklagten zur Tatzeit klären helfen, was selbst einem genialen Psychiater schwerlich gelingen könnte. Und er half sich damit, eine Assistentin zu Ursula Kablau in die Haftanstalt zu schikken, die der Angeklagten ein paar vorbereitete Fragen stellen und die üblichen Testspielchen mit ihr veranstalten sollte. Keiner der beiden Sachverständigen hat bisher in die Verhandlung klärend eingegriffen: Sie überließen die Angeklagte der Amateur-Psychologie des Vorsitzenden. Als ob es ungeachtet des Paragraphen 51 darüber hinaus nichts mehr gäbe, was dringend der psychiatrischen Klärung bedürfte!

Vielleicht hat Ursula Kablau ihr Kind getötet. Vielleicht hat sie es sogar allein getan. Sicher ist nur, daß das Kind tot ist und daß es nicht aus heiterem Himmel starb.

In der Nähe des anderen Frankfurt, in Finowfurt, Kreis Eberswalde bei Frankfurt an der Oder, wurde Ursula Czujek, wie sie damals hieß, am 5. Mai 1940 geboren. Ihre einundsechzigjährige Mutter lebt noch heute in der DDR, ihren Vater hat sie nicht mehr kennengelernt, weil es damals für Arbeiter, die nicht arbeiten wollten, Konzentrationslager gab – ihr Vater ist aus Buchenwald nicht zurückgekehrt. In der Volksschule hatte Ursula Schwierigkeiten, vor allem mit dem Russischen. Dreimal, in der zweiten und zweimal in der fünften Klasse, blieb sie sitzen. Mit vierzehn verließ sie die Schule, sie arbeitete hart, in einer Kolchose zuerst, dann auf einer Baustelle, dann in einem Walzwerk. Als sie sechzehn war, lernte sie ihren späteren ersten Mann kennen, den Volkspolizisten Hartmut Bruch, der bald seinen Dienst quittierte und sich herumtrieb, weil er von Arbeit so wenig hielt wie Ursulas Vater. Der Mutter war das nicht recht. Was in ihren Kräften stand, tat sie, um die Tochter nicht an diesen Mann zu verlieren. Sie wußte noch zu gut, wohin das führen konnte. Aber sie konnte nicht verhindern, daß ihre Tochter sich einließ mit dem Mann. Ursula wußte nicht, wohin das führen konnte. Woher sollte sie es wissen?

Als sie siebzehn war, kam ihre Tochter Beate zur Welt. Als sie achtzehn war und volljährig nach dem Gesetz der DDR, nutzte sie ihre Entscheidungsfreiheit zu einem Schritt, dem sie nicht gewachsen war, sie heiratete Hartmut Bruch gegen den Willen und ungeachtet der Warnungen der Mutter und ging zusammen mit ihm und Beate schon vier Tage nach der Hochzeit in den Westen. *Er war der erste Mann, wo ich intim mit.* Ursula wechselte das Land. Wer vermag sich vorzustellen, was sie sich davon erhofft hat. Sie floh vor ihrer Mutter, die gedroht hatte, Hartmut anzuzeigen und dafür zu sorgen, daß er in ein Arbeitshaus komme, vielleicht, weil sie festhalten wollte an ihrem Glauben, daß es gut für sie sei, eine eigene Familie zu haben.

Acht Monate blieb sie mit Hartmut und Beate in Marienfelde, das war ihre glücklichste Zeit, dann ging es bergab. Andere Lager folgten – Freistett, Rastatt, Rot bei Heidelberg hießen die Stationen des Abstiegs. Immer seltener ließ ihr Mann sich bei ihr blicken, immer mehr nahm er ihr von dem bißchen Geld, das sie und ihre Familie von der Fürsorge bekamen, schließlich behielt er es ganz und vertrank es Woche um Woche. In einem Zimmer hauste sie mit ihrem Kind. Wovon sie das Kind und sich selber ernähren sollte, wußte sie bald nicht mehr, dem Lebensmittelhändler wurde sie zum Schrecken. Es lebt sich schlecht vom Flaschenpfand. Sie versuchte zu arbeiten, in einer Zigarrenfabrik, aber da war Beate, die beaufsichtigt werden mußte, und da war vor allem die zweite Schwangerschaft.

Hartmut – nach seinem Vater nannte sie ihren Sohn, als wollte sie damit ihre Niederlage schon besiegeln. Der kam krank zur Welt, weil sie gehungert hatte während der Schwangerschaft, und kam aus der Klinik kaum heraus, weil er hungern mußte, wenn er bei ihr war. *Ich habe oft versucht, mit meinem Mann zu reden, aber es hatte keinen Sinn. Er ist doch seine eigenen Wege gegangen.* Sie drohte ihm, zu ihrer Mutter zurückzukehren. Das ließ ihn kalt. Dann bat sie ihn, ihr dabei zu helfen. Das schlug er ab. Dann versuchte sie es auf eigene Faust – mit den beiden Kindern auf dem Arm. Sie wollte nach Stuttgart, weil sie glaubte, da sei die Zonengrenze. Sie kam nicht weit. Schon am Autobahnkreuz Heidelberg griff der Lagerleiter sie auf und brachte sie zurück. Wieder riß sie aus, diesmal nur mit Beate, weil Hartmut gerade wieder in der Klinik war. *Ich wollte weg, weg von dem Mann, ich wollte zu meiner Mutter. Dafür hätte ich alles auf mir genommen.* Das war im September 1959.

Der Hartmut Bruch, der vor dem Richter stand, um auszusagen über diese Zeit, hat inzwischen eine andere Frau geheiratet und noch sechs Kinder in die Welt gesetzt. Ob er überhaupt eine Aussage abgeben wolle? Och, ich mach' sie. Die Beate war der Ursel ihr ein und alles. Was sie da getan haben soll, das kann ich gar nicht verstehen. In Marienfelde, da war alles in Ordnung. Nur mit der Arbeit war es schlecht damals. Ich hab' nur gestempelt damals. Warum meine Frau abgehauen ist, das weiß ich nicht. Ich hab' 'ne Vermißtenanzeige aufgegeben, aber nix mehr von ihr gehört. Sauber war die Ursel ja nicht, das ist klar, aber wir hatten ja nie viel. Sonst ging's. Mit Geld war es auch schlecht damals. Ich hab' viel getrunken zu der Zeit.

Da bin ich abgerutscht

Ursula Bruch kam im September 1959 bis Frankfurt. Dort ging sie zur Mission und nannte sich wieder Czujek. Das konnte sie. Sie hatte noch ihren alten DDR-Ausweis, in dem auch die unehelich geborene Beate als Beate Czujek stand. Sie komme aus der Zone, sagte sie. Sie wurde zum zweitenmal in der Bundesrepublik aufgenommen, in ein Lager in Gießen. Dort kam ihr ein Mann in die Quere. *Der hat mich belästigt. Das habe ich der Fürsorge gesagt. Ich wollte nichts mehr, ich hab' ihn abgewiesen.* Der Mann, rachsüchtig, zeigte sie an, wegen Diebstahls, sie habe ihn bestohlen, sagte er. Das stimme nicht, sie habe nichts gestohlen, sagt Ursula Kablau. Sie zog weiter in den Solling, gab Beate in ein Kinderheim, in dem sie gegen freie Kost und Unterkunft für sie und ihr Kind eine Stellung als Putzfrau antreten durfte. Doch das hielt nicht lange. Sie könne nicht ewig bleiben, wurde ihr beschieden. Da ließ sie sich von einem Mädchen überreden, mit ihr ins Rheinland zu gehen. Ohne Beate. Sie sei nicht an das Kind herangekommen, außerdem habe sie gehofft, daß Beate erst mal eine gute Bleibe hätte.

Sie hat mich mitgenommen nach Düsseldorf, und da bin ich abgerutscht. Aber Ursula Kablau hatte auch auf der Straße kein Glück. Die Polizei schnappte sie schon nach wenigen Tagen und steckte sie in ein Heim. Dort wurde sie krank und mußte in die Klinik. Später floh sie. Noch einmal versuchte sie es mit dem Strich, wieder ohne Kontrollkarte. Diesmal schnappte sie die Polizei schon bei ihrer Ankunft in Köln, wohin sie gefahren war: Sie kam gar nicht erst aus dem Hauptbahnhof heraus. Man brachte sie sofort wieder in ein Heim. Da gab sie die Prostitution auf und nahm, nun wieder in Frankfurt, in einem Krankenhaus eine Stellung an, wieder die einer Putzfrau. Zuerst verdiente sie fünfzig Mark im Monat, durfte dafür aber im Krankenhaus wohnen und essen. Es war ihr dennoch zu wenig. Sie ging deshalb in ein anderes Krankenhaus, bei dem sie hundertfünfzig Mark im Monat bekam und im Operationssaal putzen durfte, was für sie schon eine Vertrauensstellung war.

Im Juni 1960 lernte sie Walter Kablau kennen. *Er sprach mich an, mich und meine Freundin, mit der ich immer in der Freizeit am Weiher spazierenging, wo die Kinder ihre Bootchen fahren lassen. Wir haben uns dann öfter getroffen, vier Wochen lang, dann merkte ich, daß er zu mir neigte.* Walter Kablau holte sie von der Arbeit ab, lud sie ins Kino ein und ins Café und schließlich in seine Wohnung in der Großen Friedberger Straße.

Ursula Bruch glaubte, endlich einen Halt, endlich eine Chance zu haben: Da war endlich jemand, der sich um sie kümmerte, wieder jemand, der sie haben wollte. Sie sorgte sich um ihre

Scheidung und bekam sie. Im Frühjahr 1961 heiratete sie Walter Kablau, den Glaser.

Ich wollte nicht, daß meine zweite Ehe kaputt ging

Das Doppelleben des Mannes –
Der Frankfurter Kindsmordprozeß gegen Ursula Kablau (II)

*Ich bin davon überzeugt, daß Ursula Kablau am 5. Januar 1965
ihre Tochter Beate allein und ohne Wissen ihres Mannes
heimtückisch ermordet hat. Ich beantrage deshalb, die Angeklagte
zu lebenslangem Zuchthaus zu verurteilen und ihr
die bürgerlichen Ehrenrechte auf Lebenszeit abzuerkennen.*
Staatsanwalt Erwin Gellenbeck

An ihre zweite Ehe hat sich Ursula Kablau geklammert bis zuletzt, wider alle Vernunft; denn die Fähigkeit, vernünftig zu handeln, war ihr nicht gegeben. Sie zog zu Walter Kablau in die Einzimmerwohnung in der Großen Friedberger Straße in Frankfurt,
weil sie glaubte, daß sich das Durcheinander in ihrem Leben, das
sie nicht mehr ertrug, auf diese Weise von allein regeln würde.
Noch einmal vertraute sie blind einem Mann, noch einmal erlag
sie der Vorstellung, daß eine Ehe, ganz gleich mit wem, ihr aus
allem heraushelfen müsse. Sie wollte wieder in feste Hände kommen, weil sie sich schon davon eine entscheidende Besserung ihrer Lage versprach. Sie war leicht zufriedenzustellen, und wenn
sie ihres Lebens in der Großen Friedberger Straße auch nie richtig froh wurde, gab es doch genug, woran sie glaubte, sich halten
zu können.
Da waren die Nachbarn, die freundlich zu ihr waren. Da waren die Arbeitskollegen des Mannes, die sie anerkannten, für
die sie, während ihr Mann, der Hausmeister, noch im Bett lag,
seine Arbeit tat und die Tore aufschloß, auch nachts, wenn Lastwagen mit Glasplatten in den Hof gefahren werden mußten. Da

war, wenigstens nach außen und an der Oberfläche, etwas, das Ursula Kablau bisher so vermißt hatte: eine feste Bleibe, ein leidliches Auskommen, sogar die Aussicht auf eine kleine Neubauwohnung mit mehr als einem Zimmer, wenn die Firma nach Bergen-Enkheim umziehen und sie und ihren Mann mitnehmen würde; eine Familie und Bekannte, die sie besuchten und die sie besuchen konnte; Leute, die sie auf der Straße grüßten; und wenn sie einkaufen ging, konnte sie bezahlen. Das wollte sie nicht verlieren, wahrscheinlich um keinen Preis.

Ihre Ehe mit Walter Kablau kann nur sie noch schildern. Die Nachbarn sahen und hörten nichts, und in den Briefen Ursula Kablaus an ihre Mutter in Finowfurt steht begreiflicherweise nur, daß alles gut sei. Weil endlich alles gut sein sollte. Was sie hätte warnen müssen, schon in den ersten Monaten ihrer Bekanntschaft mit Walter Kablau, schon vor der Hochzeit, nahm sie hin, weil sie glaubte, daß es sich lohne.

Walter Kablau befahl ihr, die Arbeit im Krankenhaus aufzugeben und in die Fabrik zu gehen, um mehr zu verdienen. Da putzte sie von morgens um fünf bis mittags um zwölf in einer Tachometerfabrik und verdiente hundert Mark in der Woche. Das war ihm noch nicht genug. Er habe sie auf den Strich schikken wollen, sagt Ursula Kablau. Da sei sie sehr erschrocken. Da habe sie sich gewehrt. Da habe sie weglaufen wollen, zurück zu ihrer Mutter. Und sie versuchte es auch, dieses eine Mal noch. Aber sie kam nur bis Eisenach.

Dort hielt man sie fest. Die Volkspolizei steckte sie in ein Lager. Ihr Bruder, den die Mutter geschickt hatte, riet ihr, zurückzufahren. In der DDR könne sie, da sie keine Aufenthaltsgenehmigung habe und auch keine bekommen werde, nicht bleiben. Man schickte sie zurück. Nach Bebra. Dort gab sie bei der Bahnhofsmission an, sie sei aus Frankfurt. Und sie fuhr zurück, zurück zu dem Mann.

Sie hat sich danach wieder mit Walter Kablau versöhnt. Der

hatte inzwischen, durch einen Briefwechsel mit Ursulas Mutter, in dem er entschieden seine Ansprüche auf Ursula vortrug, von ihrer ersten Ehe und von Beate erfahren. Das paßte offenbar in seine Pläne. Das ließ sich ausnutzen gegen diese Frau. Weil sie ihm ihre erste Ehe verschwiegen hatte, da sie an eine Heirat nicht zu denken wagte, war sie nun, da er an eine Heirat zu denken begann, in seiner Schuld und verloren, als er von Heirat sprach.

Am 15. Februar 1961 wurde Ursula Kablau von Hartmut Bruch geschieden. Das Scheidungsurteil, das auf überwiegendes Verschulden des Mannes lautete und ihr das Sorgerecht für Beate übertrug, worauf sie bestanden hatte, zog Walter Kablau aus seinem Hausbriefkasten und las es ihr vor. Da willigte sie in die Heirat ein. Am 29. März 1961 wurden Walter und Ursula Kablau getraut.

Die Heiratsurkunde weist aus, daß stimmt, was sie sagt, daß sie als Ursula Czujek geheiratet und zusammen mit ihrem Bräutigam dem Standesbeamten ihre erste Ehe, obwohl diese rechtskräftig geschieden war, unterschlagen hat. Auch das ließ sich ausnutzen. Walter Kablau stellte seine Fallen früh und mit Umsicht. Auf eine falsche Eidesstattliche Versicherung kam es ihm dabei nicht an. Sie dagegen wußte nicht, was das ist, eine Eidesstattliche Versicherung. Er erklärte es ihr später. *Es dürfe nicht herauskommen, sagte er mir, sonst sei ich nirgendwo mehr sicher. Ich würde ins Gefängnis gesteckt. Daß ich unter falschem Namen geheiratet habe, hat mir das Genick gebrochen.*

Sie habe ihm vor der Ehe gesagt, sie werde ihn nur heiraten, wenn sie Beate zu sich nehmen dürfe, das müsse er ihr versprechen. Er versprach es. Als sie ihn an sein Versprechen erinnerte, wich er aus. Da lehnte sie sich auf – zum letztenmal. Er gab nach. Am 5. April 1961 zog auch Beate in der Großen Friedberger Straße ein.

Es hat oft Streitereien zwischen ihr und ihrem Mann gegeben, von Anfang an, wegen des Finanziellen vor allem. Walter Kablau hielt seine Frau knapp, zum gemeinsamen Haushalt steuerte er wenig bei. Wenn sie ihn um Geld bat, wurde er wütend. Das nennt sie Streit. Sie habe nicht recht kochen können, das habe sie nie gelernt, deshalb sei es ihr besonders schwergefallen zu wirtschaften.

Dennoch lag fast zwei Jahre lang die trügerische Sicherheit des Alltags über der Ehe der Kablaus. Er hatte eine Frau, die ihm die Morgenarbeit abnahm, den Haushalt zu führen sich wenigstens anstrengte und Geld heimbrachte obendrein; und sie wähnte, ein Übel gegen ein kleineres eingetauscht zu haben, durfte sich nützlich machen und freute sich womöglich sogar, wenn er sie die Tore aufschließen oder zusperren ließ. Dann aber, im Frühjahr 1963, zerstörte Ursula Kablaus dritte Schwangerschaft dieses klägliche eheliche Einvernehmen. Ihr Mann habe sich sehr aufgeregt über die unerwünschte Schwangerschaft: Er habe kein Kind mehr haben wollen, weil er schon eines gehabt habe. Eine Tochter von der Renate Kallinowsky, einer früheren Freundin, für die er Alimente habe zahlen müssen, und da sei ja auch noch die Beate gewesen.

Zweimal habe er versucht, das Kind abzutreiben. Im dritten und im sechsten Monat, mit Wechselbädern, die sie auf seinen Befehl habe nehmen müssen, mit Tabletten und mit einer Gummipumpe und Seifenlauge. Sie habe das Kind aber gewollt; das habe sie auch den Ärzten gesagt, als sie in die Klinik gekommen sei nach dem ersten Abtreibungsversuch, weil sie sich so oft habe übergeben müssen. Sie habe sich ein Geschwisterchen für Beate gewünscht.

Die Abtreibungsversuche mißlangen. Im Oktober 1963 gebar Ursula Kablau eine Tochter, die sie Dagmar nannte. Es wurde eng in dem Zimmer in der Großen Friedberger Straße. Nur noch wenn Besuch kam, wurde der Couch-Tisch mit den abschraubbaren Beinen aufgestellt. Weil sie nur noch von acht bis mittags arbeiten konnte, wegen der Kinder, hat es noch öfter Streit gegeben. Aber nicht nur deshalb: Ihr Mann sei nun auch grob geworden zu Beate und habe sie herumgestoßen, obwohl Beate schon so viel geholfen habe im Haushalt. Beate habe auf Dagmar aufgepaßt, wenn keiner da war, was ihr Mann nie getan habe, auch wenn er Zeit hatte. Dann sei Dagmar einmal aus ihrem Bettchen gefallen, weil Beate Micky-Heftchen gelesen habe, und da habe ihr Mann Beate furchtbar geschlagen. Als sie nach Hause gekommen sei, habe Beate weinend auf dem Sofa gesessen. Da sei sie nicht mehr arbeiten gegangen, von dem Tage an nicht mehr. *Stellen Sie sich vor, wie das ist. Sie gehen nach Hause und wissen nicht, was passiert ist.* Die Katastrophe rückte näher. *Aber ich wollte nicht, daß die Ehe kaputtging. Wegen der Dagmar. Eine Frau darf doch nicht so schnell nachgeben.* Das war im Herbst 1964.

Schwierigkeiten mit der Schwägerin

Ursula Kablau gab nicht nach, aber sie wehrte sich auch nicht. Sie verteidigte das Stückchen festen Boden, das sie sich ersessen hatte, indem sie aushielt – zu einer erneuten Flucht fehlte ihr endgültig die Kraft.
Sie sah sich stattdessen nach Hilfe um und zog ihre Schwägerin Erna Kablau ins Vertrauen, wenigstens teilweise. Ihr klagte sie, daß Walter kein Geld für den Haushalt herausrücke, sie ohne Essen übers Wochenende mit den Kindern sitzenlasse. Eine Verbündete fand sie dabei nicht. Sie solle sich das Geld doch einfach nehmen, aus Walters Kassette, habe ihr Erna Kablau geraten. Ursula Kablau folgte dem Rat und gab sich so auch noch der Schwester ihres Mannes in die Hand. Erna Kablau spann ihre Intrigen, warum, weiß niemand, und es wurde schwierig und schwieriger für Ursula. Der Beate erklärte Erna Kablau, ihr Vater sei nicht ihr Vater. Und sie erzog herum an dem Kind und

säte weiteren Kummer, wo schon Kummer genug war. Vor dem Richter wunderte sie sich: *Von Beate hatte ich das Gefühl, daß das Kind mich irgendwie haßt.* Beate wurde aufsässig, verweigerte der Tante den Gruß. Da strafte Walter Kablau das Kind. Er habe Beate Ohrfeigen gegeben und auch mal einen Schuh nachgeworfen, erinnerte sich Erna Kablau. *Aber ich habe Ursel gesagt: Du hast meinen Bruder geheiratet, nun sieh zu, wie du mit ihm fertig wirst. Walter hat sich aber nie reinreden lassen. Ich hatte das Gefühl, daß es nicht gutgehen würde.*

Ursula Kablau versuchte, die Schwägerin zu besänftigen; aber sie lieferte sich ihr dadurch nur noch mehr aus. Von ihrem Ersparten kaufte sie Erna Kablau einen Gasherd. Davon durfte Walter natürlich nichts erfahren. Und weil der Vertreter schon da war und Erna Kablau und der Vertreter sie beschwatzten, wer weiß, kaufte sie noch mehr: einen Entsafter, einen Staubsauger, eine Bohnermaschine und eine Teppichklopfmaschine, Elektrogeräte für ungefähr tausend Mark, die in monatlichen Raten abzustottern sie sich verpflichtete.

Sie wollte mit diesen Geräten ausgerüstet in die neue Wohnung ziehen, weil sich das so gehört und weil sie dachte, wo solche Geräte sind, da wird auch Häuslichkeit sein. Und sie dachte weit in die Zukunft dabei, weiter als jemals zuvor in ihrem Leben. Die Teppichklopfmaschine sollte erst im Frühjahr 1966 geliefert werden. Sie ahnte die Gefahr noch immer nicht, trotz allem nicht.

Sie ahnte sie noch nicht einmal, als Walter Kablau während ihrer Schwangerschaft begann, seiner früheren Freundin Renate Kallinowsky wieder eifriger nachzustellen; und die ließ sich darauf ein, wenn auch vielleicht nicht so ernsthaft, wie Walter Kablau es sich wünschte, doch schrieb sie immerhin einen Brief an ihn, in dem stand: *Hoffentlich kannst Du mit Deiner dicken Frau auch schlafen!* Ursula Kablau nahm auch das hin. Sie nahm es hin, wie sie es am Anfang ihrer Bekanntschaft mit Walter Kablau hingenommen hatte, daß er mit ihr am Arm vor dem Fenster der

Renate flanierte, um diese zu ärgern, und sie widersprach nicht, als er ihr befahl, ihn zu einer Geburtstagsfeier im Hause der anderen zu begleiten. *Du mußt mitgehen, hat er mir gesagt. Da bin ich mitgegangen. Ich war ziemlich geknickt, weil die Renate Kallinowsky Annäherungsversuche gemacht hat an meinen Mann, wo ich doch dabei war. Da hab' ich ihm auch Vorwürfe gemacht. Er hätt' mich nicht zwingen dürfen, hab' ich ihm gesagt.*
Die Nachbarn und Arbeitskollegen Walter Kablaus stellten ihm vor dem Richter ein denkbar gutes Zeugnis aus: Walter Kablau sei ein fleißiger, zuverlässiger, hilfsbereiter und gutmütiger Mann gewesen. Nur in Superlativen könne er von seinem Hausmeister sprechen, erklärte sein Chef, der Geschäftsführer der Glasergenossenschaft, obwohl er nicht dabei war, wenn sein Hausmeister tätig werden sollte. Walter Kablau selber trug dazu bei, was er konnte. Er sei stets gut gewesen zu Beate, beteuerte er unaufgefordert der Kriminalpolizei. Die Mitbewohner des Hauses in der Großen Friedberger Straße bestätigten das allerdings. *Fast zu gut sogar,* entfuhr es einer Zeugin. Dieses *zu gut* war der erste Schatten, der über das strahlende Bild fiel, es war ein flüchtiger Schatten nur, aber weitere, dunklere folgten.
Walter Kablau, geboren am 12. November 1926 in Heilsberg in Ostpreußen, war fast vierzehn Jahre älter als seine Frau und mit Sicherheit intelligenter. Eine achtklassige Grundschule durchlief er mühelos, ebenso seine Glaserlehre. 1942 wurde er zur Heeresflak eingezogen und durfte bei Heiligenbeil seine ostpreußische Heimat verteidigen. Bei Kriegsende gelang es ihm, an der Westfront in Gefangenschaft zu geraten. Die Amerikaner nahmen seine Dienste bis 1948 in Anspruch und beschäftigten ihn in einer Gräberkompanie mit Leichenumbettungen. In den fünfziger Jahren verschlug es ihn nach Frankfurt zu seiner Schwester Erna. 1956 nahm er seine Arbeit bei der Genossenschaft auf, 1957 bezog er die Hausmeisterwohnung in der Großen Friedberger Straße 31.

Daß wir, bis dahin, nicht mehr über ihn wissen, verdanken wir der Frankfurter Kriminalpolizei. Nur gerüchteweise kam dem Gericht zu Ohren, daß Walter Kablau in der Frankfurter Unterwelt kein unbeschriebenes Blatt gewesen sein soll. Zeuginnen dafür gab es; aber es fiel schwer, ihnen zu glauben, gegen den so unbescholtenen Mann, obwohl sich die eine von *dem Herrn Amtsrichter* keineswegs einschüchtern ließ und fest entschlossen war, den Eid darauf zu leisten. Aber nicht sie wurde vereidigt, sondern ihre Kollegin, die lieber nicht geschworen hätte und die rechte Hand erst hob, als ihr die sofortige Verhaftung wegen Eidesverweigerung drohte.

Aber obwohl die Frankfurter Kriminalpolizei gegen ihren Freund und Helfer, den unverdächtigen Glaser, nicht ermittelt hatte, geriet genug ins Licht der Verhandlung, traten auch verläßlichere Zeugen gegen Walter Kablau auf, die seiner nicht nur mit Nachsicht gedachten.

Durch ihre ältere Schwester Isa, mit der Walter Kablau damals verlobt war, lernte Renate Kallinowsky 1959 den späteren Vater ihrer Tochter Jutta kennen. *Isa und Walter wollten sich heiraten. Meinen Eltern war das zwar nicht recht, aber sie hatten sich damit abgefunden.*

Renate war zu dieser Zeit sechzehn und besuchte, wie es sich für die Tochter eines Ingenieurs geziemt, auch wenn es schwerfällt, die höhere Schule. *Dann war Isa nicht mehr an Walter interessiert, weil er ziemlich rabiat war. Er hat Isa verprügelt, das habe ich gesehen, und meine Oma hat es auch gesehen. Mit der Hand ins Gesicht hat er Isa geschlagen, daß sie auf den Boden gefallen ist, und getreten hat er sie dann auch noch.* Aber Walter Kablau gab das Terrain noch nicht verloren, da war ja noch eine jüngere Schwester zu haben. Und die neugierige Untertertianerin Renate war eine leichte Beute. *Er hat bald ein Auge zu mir gekriegt. Als die Isa schon in Hannover war, hat der Walter uns weiter besucht. Und die Oma hat immer zu ihm gesagt: Nimm doch*

Renate mit, damit das Mädchen an die frische Luft kommt. Da hat er mich mitgenommen.

Nicht geheuer

Walter Kablau holte sie von der Schule ab, lud sie ins Kino ein und ins Café und schließlich in seine Wohnung in der Großen Friedberger Straße. *Dort hat er mich verführt. Er war praktisch der erste, und ich wollte wissen, wie das ist. An Weihnachten ist es dann passiert mit der Jutta, das weiß ich genau. Du mußt mich jetzt heiraten, hat er mir gesagt, sonst kriegst du nie mehr einen Mann. Aber ich hab' nicht gewollt. Ich hatte Angst vor ihm. Er hatte einen Schlagring, den er mir gezeigt hat, und ich wußte das mit der Isa.*

Walter Kablau erschien bei der Mutter des Mädchens und forderte Renates Hand. Aber die verstörte Familie reagierte energisch auf diesen zweiten Versuch des dreiunddreißigjährigen Glasergesellen, Schwiegersohn zu werden. Energisch und alle Gepflogenheiten mißachtend, schlug sie Walter Kablaus gezieltes Angebot, der Tochter *die Schande zu ersparen*, aus. Renate durfte sich auf der Straße nicht mehr blicken lassen und nur noch am Fenster Luft schnappen. Etwas an dem Mann muß der Familie nicht geheuer gewesen sein, anders ist es nicht zu erklären, daß die Kallinowskys *die Schande* vorzogen. Zur Entbindung wurde Renate nach Hannover zu ihrer Schwester verschickt. Walter Kablau war gezwungen, sich nach einer neuen Frau umzusehen.

Das muß ihn außerordentlich verdrossen haben. Die Taube saß wieder auf dem Dach, und mit dem Spatz, den er alsbald in die Hand bekam, war kein Staat zu machen. Er hat den Rückschlag auch nie verwunden und nie die Hoffnung aufgegeben, das Blatt doch noch zu seinen Gunsten wenden zu können. Mit Ursula war er verheiratet, aber hinter Renate, dieser für ihn idealen und ein zweites Mal kaum zu erjagenden Kombination aus Unbedarftheit, blonden Haaren und langen Beinen, war er her – Ursula bot ihm nur die Unbedarftheit.

Wenn ich nur wüßte, wie ich meine Frau am bequemsten loswerden könnte, dann würde ich dich sofort heiraten. So lag er Renate in den Ohren. Und wenige Tage nach Beates Tod forderte er noch einmal, allerdings wiederum vergeblich, von der Familie Kallinowsky die Hand der Tochter. *Meine Scheidung geht jetzt doch automatisch durch.* Renate floh nach Freudenstadt. Wiederum blieb dem abgewiesenen Glaser nichts anderes übrig, als sich nach einer neuen Frau umzusehen.

Er fand sie durch die Post. Am 14. Januar 1965, sechs Tage nach dem Auffinden der Kindesleiche im Keller der Kablaus, erreichte ihn ein vom Vortage datierter Brief einer Fremden aus Speyer. *Lieber Herr Kablau! Nur zu viel Mitleid habe ich mit Ihnen. Gerne helfe ich Ihnen kostenlos. Ihnen und Ihrer Dagmar. Vielleicht finden wir bei dieser Gelegenheit für immer zusammen. Ich habe eine kleine Tochter, bin einsdreiundsechzig groß, dunkel, häuslich, sparsam, kinderlieb und lebe in ordentlichen Verhältnissen. Ein Bild von Elfi und mir lege ich ein. Zeigen Sie einem Reporter diesen Brief, damit er Sie kostenlos zu mir bringt.* Unterzeichnet war der Brief von der unverheirateten Kinderschwester Marliese Bettinger.

Walter Kablau griff zu. Marliese Bettinger ebenfalls. Doch diesmal begann eine ausgeglichene Partie.

Weitere Briefe aus Speyer kamen. Am 20. Januar: *Seien Sie ganz sicher, daß ich alles tue, was in meinen Kräften liegt, um die kleine Dagmar einmal ganz mein nennen zu dürfen. Sie lernt spielen und fröhlich sein mit Elfi, und es sind dann später eventuell unsere Zwillinge. Dagmars Vornamen tun wir vielleicht ändern lassen, und so erfährt nie jemand, wer die Kleine ist. Fragen Sie Ihren Chef, ob Sie nicht gleich eine größere Wohnung bekommen können.*

Am 23. Januar: *Mensch, kam Deine Antwort pünktlich und so schnell. Hab' herzlichen Dank dafür, vor allem für das Du! Diese Anrede ging zwar etwas schnell, aber ich denke moralisch anders und akzeptiere es auch deshalb. Mache es mal möglich, an einem Wochenende hierherzukommen. Ich will es der Öffentlichkeit zeigen, daß es eine gute Ehe gibt mit Kindern. Vielleicht haben wir Glück und kriegen ein drittes, das wäre eine gute Mischung. Warum hast Du eigentlich das mit dem Keller gemacht? Das wird Dich später einmal im Prozeß belasten.*

Am 30. Januar: *Wer sein Weib liebt, der züchtigt es auch, Du hättest es auf einen Versuch ankommen lassen müssen, dann wäre das mit der Ursel vielleicht nicht passiert.*

Am 3. Februar: *Herzliebster Du! Mach doch nicht solche Reklame mit mir auf dem Jugendamt. Ich liebe Voreiligkeiten nicht, sondern das Zurückgezogene. Das Herzinnere muß schön sein.*

Mitte Februar fuhr Marliese Bettinger nach Frankfurt, um Walter Kablau persönlich kennenzulernen. Er schwängerte sie.

Am 16. Februar: *Mein guter, lieber Walter! Ich ginge ungern von Dir weg. Ich will Dir mit allem tragen helfen. Dann wird es sooo schön und gemütlich. Bist ja mein guter Hahn.*

Dann änderte sich der Ton der Briefe.

Am 18. Februar: *Laß Deine Zähne herrichten, sobald es geht! Ich stehe allein auf Deiner Seite. Meine Bekannten sagen, da muß doch etwas faul gewesen sein in Deiner Ehe.*

Am 6. April: *Reicht Dein Geld noch oder mußt Du schon auf Kredit essen? Du hast so viel Geld weggeschafft. Das ärgert mich. Du wilderst drauflos! Vielleicht mache ich doch noch einen Rückzieher! Ich verstehe jetzt Ursel, daß nie Geld da war. Bessere Dich mal und mach auch mal ein paar Überstunden mit. Du denkst wohl, die Marliese ißt Margarine und spart für alle!*

Und nach Walter Kablaus Tod schrieb Marliese Bettinger an Erna Kablau: *Ich hätte den Mann besser nie kennengelernt. Er hat mich geprellt und ausgebeutet. Nur weil sein Gewissen ihn hart*

geplagt hat, ist er in den Main gegangen. Hätte er nicht plötzlich
Angst gehabt, hätte er nie Selbstmord begangen. Ich will seinen
Abschaum nicht aufziehen!
Marion, die dritte Tochter Walter Kablaus, lebt heute wie Dagmar, die zweite, in einem Heim. Nur Jutta lebt bei ihrer Mutter.
Ihr Kind sei so seltsam, manchmal wie der Vater, erklärte Renate Kallinowsky dem Richter.
Marliese Bettinger ist seit ihrer Niederkunft krank und arbeits-
unfähig. Ihre Epilepsie zwingt sie zu langen Klinikaufenthal-
ten.
Die ausgeglichene Partie endete unentschieden. Walter Kablau
war zum erstenmal in seinem Leben an eine Frau geraten, die
ihm gewachsen war und bei der sein System, sich Frauen gefügig
zu machen, versagte.

Diese Idioten

Zwei Tage nach der Eröffnung der Schwurgerichtsverhandlung
gegen Ursula Kablau am 26. Januar 1967 fiel dem Schriftsetzer
und Kellner Manfred Hockerts, der zur Zeit in einem Mannhei-
mer Gefängnis eine Freiheitsstrafe absitzt, eine Frankfurter Zeitung in die Hände, die die Eröffnung des Verfahrens meldete.
Er habe eine wesentliche Aussage zu machen, schrieb er dem Gericht nach Frankfurt und bat um Gehör. Er habe von dem Prozeß gelesen, und dabei sei ihm eingefallen, daß er Walter Kablau
kenne. Er erinnere sich an ein merkwürdiges Erlebnis, dessen
Bedeutung ihm erst jetzt, da er zum erstenmal von dem Prozeß
gehört habe, aufgegangen sei. Ende April 1965 habe er in Frankfurt gearbeitet, als Kellner in einer Bar, da sei gegen Mitternacht
Walter Kablau, den er von früher kenne, ganz schön betrunken
hereingewankt. Er habe Walter Kablau noch zu einem Kognak
eingeladen, da habe dieser wörtlich gesagt: *Ach Manni, ich habe*

*Kummer. Meine Alte steht unter Mordverdacht. Sie ist verhaftet
worden. Ich allein könnte sie entlasten. Aber ich will nicht, denn
so bin ich sie am bequemsten los. Wenn die Schmiere, diese Idioten,
wüßten!*

Hockerts sagte, er habe dieses Gerede nicht ernst genommen
und deshalb den Vorfall auch wieder vergessen, er habe noch
nicht einmal gewußt, daß Walter Kablau verheiratet war. Von
dem Mordfall und Walter Kablaus Tod habe er damals nichts
erfahren, da er wenig Zeitung lese und außerdem zu der betreffenden Zeit nicht in Frankfurt gewesen sei. Alle Versuche
des Staatsanwalts und des Gerichts, Manfred Hockerts zu einer Zurücknahme dieser Aussage zu bewegen, schlugen fehl –
Hockerts beschwor sie.

Wer Walter Kablau wirklich war, ist nicht mehr zu klären. Un-
erkannt ist er in den Main entkommen. Hinterlassen hat er nur
eine Gewißheit: Der harmlose Glaser, gute Ehemann und besorgte Vater, den die Nachbarn, die Arbeitskollegen, die Kriminalpolizei und die Staatsanwaltschaft in ihm sahen, war er nicht.
Hinterlassen hat er außerdem eine weitgehend wehrlose Frau,
die eines Mordes angeklagt wurde, den sie wahrscheinlich nicht,
mit Sicherheit jedoch nicht ohne ein wie auch immer geartetes
Einwirken ihres Mannes begangen hat. Hinterlassen hat er
schließlich einen Schwurgerichtsprozeß, der so, wie er stattfand,
vielleicht besser nicht hätte stattfinden sollen.

Die dreizehn Tage des Oberamtsrichters Maul

Witze in der Hauptverhandlung – Der Frankfurter Kindsmordprozeß gegen Ursula Kablau (III und Schluß)

Die Angeklagte Ursula Kablau ist der Beihilfe zum Mord schuldig.
Sie wird daher zu zwölf Jahren Zuchthaus und sechs Jahren Ehrverlust
verurteilt. Die verbüßte Untersuchungshaft ist ihr anzurechnen.
Die Kosten des Verfahrens werden ihr auferlegt.

Im alten Schwurgerichtssaal des Frankfurter Strafjustizgebäudes an der Heiligkreuzgasse, in dem der Staatsanwalt noch neben den Richtern, der Verteidiger aber zu Füßen des Gerichts auf der Anklagebank seinen Platz hat, eröffnete am Morgen des 26. Januar dieses Jahres, einem Donnerstag, der bis dahin vor allem mit Jugendsachen befaßte Oberamtsrichter Helmut Maul, sechsundvierzig Jahre alt, die Hauptverhandlung gegen Ursula Kablau.

Hinter ihm lag seine wenige Tage zuvor erfolgte Beförderung vom Amtsgerichtsrat zum Oberamtsrichter, vor ihm sein erster Schwurgerichtsprozeß. Als er sich auf seinem Sessel niederließ, bereit, nach bestem Wissen und Gewissen den Vorsitz zu führen, ahnte er nicht, was ihm bevorstand.

Die Anklage lautete auf Mord, strafbar nach Paragraph 211 des Strafgesetzbuches, die Anklageverlesung war kurz und schien bündig. Sie stützte sich auf das erste Geständnis der Angeklagten, das diese bei der Polizei abgegeben hatte, auf die Ermittlungen des Kriminalhauptkommissars August Schmidt und auf die Annahme, daß Ursula Kablau ihr erstes Geständnis freiwillig und glaubhaft abgelegt habe und daß es an den Ermittlungen und Protokollen des Kommissars und seiner Kollegen nichts zu rütteln gäbe. Sie stützte sich auf rund ein Zehntel der Akten. Der Oberamtsrichter Maul konnte nicht ahnen, was ihm bevorstand.

Als Geschworene wurden vereidigt: ein Ingenieur für Vermessungstechnik, ein Kaufmann, ein Bauingenieur, ein Bäckermeister, ein Verwaltungsangestellter und ein Bürgermeister im Ruhestand.

Die Staatsanwaltschaft war in doppelter Besetzung angetreten. Dem Ersten Staatsanwalt Erwin Gellenbeck, einem erfahrenen Ankläger, stand der Gerichtsassessor Siegfried Schmidt zur Seite. Schmidt & Schmidt hatten die Ermittlungen in der Mordsache Kablau geleitet: August die der Kriminalpolizei, Siegfried die der Staatsanwaltschaft.

Die hoffnungslos scheinende Verteidigung Ursula Kablaus, ein Pflichtmandat, hatte der neununddreißigjährige Rechtsanwalt Günter Dörr aus Frankfurt-Niederrad übernommen.

Auf den Publikumsbänken drängte sich, von den Wachtmeistern nicht zur Ordnung, sondern nur auf die Plätze kommandiert, die von der Boulevardpresse alarmierte, überwiegend weibliche Öffentlichkeit, die voller Abscheu herbeigeeilt war, die *eiskalte Mutter, die Bestie in Menschengestalt* zu sehen und zu schmähen, von der berichtet worden war, sie habe ihr Kind, *ihr eigenes Kind,* auf *unvorstellbar grausame* Weise vergiftet, verprügelt, erwürgt, erdrosselt. Eindeutige Erwartungen schlugen dem Oberamtsrichter Maul entgegen, Erwartungen, gegen die er sich hätte zur Wehr setzen müssen, von Anfang an.

Mord geht vor Fastnacht

Er vermochte es nicht. Es war seine Pflicht, die Angeklagte vor dem Murren der Leute zu schützen. Er schwieg. Das war sein erster Fehler.

Drei Minuten später unterlief ihm der zweite. *Sagen Sie mal, Frau Kablau, fühlen Sie sich denn eigentlich schuldig?*
Mit diesem Fiasko, das nur die Besonnenheit des Verteidigers überbrückte, begann der Prozeß. Zu einer Tortur für alle Beteiligten entwickelte er sich. Und als der Oberamtsrichter Maul nach dreizehn Verhandlungstagen die Urteilsbegründung vom Blatt las, sprach ein Mann, dem nichts erspart geblieben war.
Wie arglos dieser Vorsitzende in seinen ersten Schwurgerichtsprozeß gegangen ist, verriet, drastischer noch als seine forensisch unmögliche Frage an die Angeklagte, sein Zeitplan: Um neun Uhr hatte er die Verhandlung eröffnet, für halbzehn bereits waren Zeugen geladen. Die warteten am frühen Abend noch immer auf ihre Vernehmung. Da entließ Maul den einen ungehört, für den zweiten unterbrach er die Vernehmung der Angeklagten zur Sache, weil der von auswärts gekommen war und zurückmußte mit dem Zug, den dritten bat er, am nächsten Morgen noch einmal zu kommen. Er litt mehr unter der Verhandlung, als daß er sie leitete.
Einem guten Richter, hat Paul Schlesinger, der berühmte Gerichtsberichterstatter der *Vossischen Zeitung*, geschrieben, sei das beste Deutsch für den Gerichtssaal gerade gut genug. Oberamtsrichter Maul vernahm auf Hessisch. Daß das nicht sein muß, bewies der Verteidiger, der ebenfalls Hessisch sprach, aber alle hessischen Wendungen peinlich vermied. Er war stets zu verstehen, Maul nicht. Dafür erntete dieser für seine Dialektkünste Beifall auf offener Szene, und er schien es zu genießen. Er ließ sich sogar dazu verführen, Zeugenaussagen ins Hessische zu übersetzen. Als ein Zeuge sagte, Walter Kablau habe hin und wieder Kohlen der Firma gestohlen, verbesserte ihn Maul: *Er hat Kohle abgestaubt, meine Se wohl!*
Das war, wie das Termindurcheinander, in das Oberamtsrichter Maul sich Prozeßtag um Prozeßtag verstrickte, nur eine Äußerlichkeit, aber leider eine bezeichnende. Ein Richter sollte, schon

um der Sache willen, seine Sprache unter Kontrolle haben. Maul verlor sie auch in der Sache.

Fast zwei Tage lang vernahm er die Angeklagte. Das war nicht nur für Ursula Kablau schwer zu ertragen. Unaufhörlich und planlos redete er auf die weinende, ihres Wortes nicht mächtige Angeklagte ein, geduldig zwar und sogar wohlwollend mitunter, und er stellte Fragen, die Ursula Kablau nicht begriff, deren Tragweite sie nicht übersah.

Richter Maul sammelte ein, was er kriegen konnte: Hier ein *Ja*, dort ein *Nein* und meist nur ein *Ich weiß net* oder *Das kann ich heut net mehr sage*. Er erwartete von Ursula Kablau, daß sie ihm folge, und wußte doch manchmal selber nicht mehr, was er eben gefragt hatte. Ob sie denn 1964 nicht verschiedene Elektrogeräte auf Raten gekauft habe, fragte er. Ja, das habe sie, antwortete die Angeklagte und erzählte, wie das kam. Nach wenigen Augenblicken unterbrach er ihre stockenden Erklärungen: *Sagen Sie mal, Frau Kablau, warum erzählen Sie mir das alles eigentlich?*

Und er schrak nicht vor Witzchen zurück: *Mord geht vor Fastnacht.* Auch vor Witzen auf Kosten der Angeklagten nicht: Ob sie sich einmal am Kopf verletzt habe, fragte er Ursula Kablau. Nein, antwortete sie, sie sei nur einmal beim Skifahren gegen einen Baum gestoßen. *Sie wollen also sagen, Sie sind mal mit der Nase in den Schnee gepurzelt?* Der Saal lachte, und Richter Maul war's zufrieden.

Der Verteidiger, darauf bedacht, seiner Mandantin zuliebe keine scharfen Töne in die Verhandlung zu tragen, obwohl sich Anlaß dazu dutzendfach bot, ließ ihn gewähren. Das war überlegt, taktvoll und richtig. Was dem Vorsitzenden unterlief, an den ersten beiden Verhandlungstagen, aber auch an späteren noch, war oft weder überlegt noch taktvoll noch richtig.

Er fuhr die Angeklagte, die sich sichtlich Mühe gab, dem Richter zu sagen, was er wissen wollte, in den verkehrtesten Augenblicken

an: *Ich habe den Eindruck, daß Sie sich immer dann nicht erin-*
nern, wenn es unangenehm wird für Sie! Oder: *Reden Sie endlich,*
sonst trete ich in die Beweisaufnahme ein! Das war eine Drohung,
die Ursula Kablau noch nicht einmal verstand. Woher sollte sie
wissen, was das ist, die *Beweisaufnahme*, und wozu man in sie
eintreten muß. Und woher vor allem sollte sie wissen, was das
für einen Unterschied bedeuten würde, für sie.
Ursula Kablau verstand die Sprache ihres Richters nicht; und er
vermied es nicht, daß ihr daraus Nachteile erwuchsen.
Ein Abtreibungsversuch im sechsten Monat mit Seifenwasser
und Spülungen sei doch unsinnig, das wisse doch jedes Kind,
das widerspreche doch jeder medizinischen Erfahrung, warf er
ihr vor. *So etwas gibt es doch gar nicht, Frau Kablau! Was erzäh-*
len Sie uns denn da!
Oberamtsrichter Maul blickte resignierend zur Decke, nervös
aus dem Fenster und verständnisheischend um sich, zuckte mit
den Achseln und kramte verbittert und mit heftigen Bewe-
gungen in den Akten. Man begriff: Da saß ein Mann mit Abitur.
Er versuchte, die Angeklagte, die ihm keine vernünftigen,
schlüssigen Erklärungen geben konnte, wenigstens zu einer far-
bigeren Erzählweise zu drängen: *Sie müssen das, was Sie vorbrin-*
gen, mit mehr Leben anfüllen, Frau Kablau! Und sorgte dann, als
sie ihm auch diesen Wunsch nicht erfüllen konnte, beim besten
Willen nicht, selber für Farbe: *Die praktische Bewältigung des*
täglichen Lebens hätte Sie doch dazu veranlassen müssen, Frau
Kablau, in die Welt hinauszuschreien: Mein Mann bringt mein
Kind um! Dazu, wie eine Löwin um ihr Junges zu kämpfen!
Auf Ihren Mann loszugehen wie eine Tigerin!
Auch einem Richter, der auf Schwurgericht lernt, darf derglei-
chen nicht passieren.
Maul überraschte die Verteidigung mit Fragen wie dieser: *Fin-*
den Sie es nicht erstaunlich, Herr Rechtsanwalt, daß die Ange-

klagte noch nicht gestanden hat? Oder: *Finden Sie nicht, Herr Rechtsanwalt, daß es an der Zeit ist, Frau Kablau einmal unter vier Augen zu sprechen?*

Zeugen erschreckte er mit Belehrungen, die in ihrer Diktion wie Todesurteile klangen: *Sie sind geladen, um in einem Schwurgerichtsprozeß auszusagen, in dem Frau Kablau des schlimmsten Verbrechens angeklagt ist, das ein Mensch begehen kann!* Und mit einer Zeugin sprang er auf geradezu unverantwortliche Weise um, mit der blonden, langbeinigen und unbedarften Renate Kallinowsky, die nicht recht wußte, was sie sagen sollte, die sich an kaum etwas erinnerte und auch das noch vergaß bei seinen Fragen, weil ihr alles mehr als peinlich war: *Jetzt drücken Sie sich doch endlich mal ein bißchen klarer aus, Fräulein Kallinowsky, sonst könnte man noch auf den Gedanken kommen, Sie hätten selber etwas mit der furchtbaren Tat zu tun!* Am nächsten Morgen fand sich das Mädchen in einer Balkenschlagzeile wieder: *Hat die frühere Geliebte Walter Kablaus etwas mit dem Mord zu tun?*

Von einem Boulevardblatt kann man nicht verlangen, daß es mehr Zurückhaltung übt als der Vorsitzende eines Schwurgerichts. Aber von einem Richter muß man verlangen, daß er derart grundlose Verdächtigungen unterläßt, weil man von ihm verlangen kann, daß er sich über die möglichen Folgen seiner Worte im klaren ist.

Als die Verhandlung einmal wieder aus dem alten in den neuen Schwurgerichtssaal verlegt wurde und dort der Sessel des Vorsitzenden noch warm war, fiel Richter Maul die Sache ein, über die sein Kollege am Vormittag hier zu richten gehabt hatte, und kam ihm in einem beliebigen Zusammenhang das Wort über die Lippen: *Euthanasie! Sie haben doch einmal gesagt, Frau Kablau, Sie hätten das Kind aus so einer Art Euthanasie getötet!* Seine Gedanken weilten in der Zukunft. Und als ihm der Lapsus ein paar Sekunden später aufstieß, klappte der zweite hinterher: *Ich bitte,*

das nicht wörtlich zu verstehen. Ich nehme den Ausdruck zurück.
Ich meinte nur, daß das dann ja kein Mord wäre.

Ob Oberamtsrichter Maul wirklich der richtige Mann ist, um vom 25. April an dem Euthanasie-Prozeß gegen Bohne und andere vorzusitzen, daran hat man zumindest in diesem Augenblick zweifeln dürfen.

Es erklärt vieles, aber entschuldigt nicht alles, daß er nicht geahnt hat, welche außerordentliche Prüfung seines Talentes und seines Amtes der Aktenstapel für ihn bereithielt, hinter dem er sich am 26. Januar 1967 niederließ.

Man mußte dennoch Mitleid haben mit diesem Vorsitzenden, der an einen Prozeß geraten war, welcher ihm über den Kopf wuchs, schon am ersten Tag, so schnell, daß er ihm kaum nachwachsen konnte.

Da galt es die von der Anklage außer acht gelassenen neun Zehntel der Akten zu durchqueren, und da war kein Balken, an den Richter Maul sich halten, kein Strohhalm, nach dem er greifen konnte.

Da quoll ihm aus den Akten ein Wust von Vorurteilen entgegen, den es auszuräumen galt.

Da geisterte ein toter Glasergeselle durch die Verhandlung.

Da tauchte eine Zeugin auf, in deren Kopf ein Datenchaos herrschte und die ihm eine verworrene Geschichte nach der anderen präsentierte, von der keine stimmen konnte. Fast zwei Stunden lang schlug Maul sich mit ihr herum, statt sie nach fünf Minuten zu entlassen, was er ohne weiteres hätte tun können. Manchmal schien sich alles gegen ihn verschworen zu haben.

Die Zeugin Marliese Bettinger begnügte sich nicht damit, seine Fragen zu beantworten, sie bot ihm die Stirn und fiel ihm schneidend ins Wort, alle fünf Sekunden, nachdem sie den Richter zur Vorsicht ermahnt hatte: *Ich weiß nicht mehr viel. Ich bin nervenkrank, müssen Sie wissen. Ich komme aus dem Nervensanatorium. Ich habe nämlich epileptische Anfälle seit der Geburt des Kindes.*

Ich bitte das hohe Gericht, mich gedanklich zu unterstützen. Ich darf mich nicht aufregen.

Richter Maul nahm sich die Warnung zu Herzen, aber er konnte nicht verhindern, daß Marliese Bettinger sich gefährlich steigerte: *Ich bitte Sie, sehr verehrter Herr Richter. Ich bitte Sie, hochverehrter Herr Rat. Aber, nicht doch, allerverehrtester Herr Direktor!* Warum sie denn so maliziös lächle, wagte Maul sie zu fragen, ob sie damals einen Verdacht gegen Walter Kablau geschöpft habe? *Diese Frage zu klären, ist Ihre Aufgabe, hohes Gericht!*

Die Symptome mehrten sich, dem Vorsitzenden brach der Angstschweiß aus. Das fehlte ihm noch, eine Zeugin, die zu seinen Füßen einem epileptischen Anfall entgegentrieb.

Da traten prozessuale Schwierigkeiten auf, waren Gerichtsbeschlüsse herbeizuführen und Klippen zu umschiffen, an denen das Verfahren mehr als einmal zu scheitern drohte.

Was da auch kam, Maul hatte Pech.

Als die Frage auftauchte, ob die polizeilichen Vernehmungsprotokolle Walter Kablaus verlesen werden dürften oder nicht, weil Walter Kablau von seinem Zeugnisverweigerungsrecht keinen Gebrauch mehr machen konnte, und ob gar die Beamten über diese Vernehmungen gehört werden dürften, entschied das Gericht, sie nicht zu verlesen und die Beamten nicht zu hören. Drei Tage später mußte es diese Entscheidung revidieren: Ein Senatspräsident am Bundesgerichtshof hatte von ihr durch die Zeitung erfahren und einen Brief geschrieben, in dem er das Frankfurter Schwurgericht auf eine noch nicht veröffentlichte gegensätzliche Entscheidung seines Senates hinwies.

Ähnlich, aber andersherum, kam es, als das Gericht zu entscheiden hatte, ob die illegal zustandegekommene Tonbandaufnahme des Gespräches, das Walter Kablau auf dem Polizeipräsidium mit seiner Frau geführt hatte, zum Gegenstand der Beweisaufnahme gemacht werden sollte oder nicht. Es entschied sich dafür.

Die Leiche im Keller der Kripo

Da gab der Frankfurter Oberstaatsanwalt Rahn eine öffentliche Erklärung ab, in der er sagte, er halte diese Entscheidung für rechtswidrig. Die Tonbänder wurden nicht Gegenstand der Beweisaufnahme, es wurden lediglich die Beamten der Kriminalpolizei zu ihrem Inhalt gehört.

Und da war vor allem die Leiche im Keller der Kripo.

Mit ihr und mit Hauptkommissar Schmidt bekam es der Vorsitzende vom zweiten Tage des Prozesses an zu tun. Zahlreiche Herren, alle aus unerfindlichen Gründen in spitzen Schuhen, traten in den Zeugenstand und hielten ihrem Glaser die Stange. Sie hatten sich den Fall noch einmal zurechtgelegt und sagten übereinstimmend aus: Walter Kablau kann es nicht gewesen sein. Dieser Mann war ein guter Mann. Wir hatten damals keinen Grund, ihn zu verdächtigen, und wir haben auch heute keinen.

Der erfahrene Kriminalhauptkommissar Schmidt gab keinen Zentimeter Boden preis. Er biß die Zähne aufeinander und nahm Deckung. Auf jede Frage des Vorsitzenden fand er eine sichere Antwort: Darum könne es Walter Kablau nicht gewesen sein und darum nicht. Und nach jeder Antwort schnellte sein rechter Zeigefinger hoch und stach Ausrufezeichen in die Luft. Nur seine Füße verrieten, daß ihm nicht wohl war, sie gingen ihm durch unter dem Tisch.

Doch alle Rechtfertigungsversuche und Beteuerungen konnten ihn und seine Beamten nicht retten, vor allem ihn nicht: dem Vorsitzenden mißfielen sie, und der Verteidiger war entschlossen, an den Tag zu bringen, daß im Mordfall Kablau fahrlässig und einseitig ermittelt worden war.

Es gelang ihm. Daran blieb kein Zweifel, das schaffte auch August Schmidt nicht mehr aus der Welt.

August Schmidt hat Walter Kablau bereits am ersten Tag seiner

Ermittlungen als harmloses und unverdächtiges Männchen nach Hause geschickt, obwohl sich dieser durch falsche Angaben, handfeste Täuschungsmanöver und sein mehr als merkwürdiges Verhalten verdächtig gemacht hatte. Und obwohl die schwerwiegende Feststellung des Obduzenten vorlag, er könne nicht ausschließen, daß das Kind vor seinem Tode sexuell mißbraucht worden sei. In der Hauptverhandlung führte der Sachverständige die unnatürliche Aftererweiterung auf die Lösung der Leichenstarre zurück. Damals aber hätte diese Spur verfolgt werden und einen Verdacht gegen Walter Kablau nahelegen müssen.

August Schmidt hat Walter Kablau in seine Ermittlungsarbeit eingeweiht und des Glasergesellen Hilfe in Anspruch genommen, indem er ihn auf Ursula Kablau ansetzte.

Er hat die belastenden Angaben, die Walter Kablau von einem bestimmten Augenblick an, nämlich nachdem er erfahren hatte, daß die Polizei seine Frau für überführt hielt, gegen sie vorbrachte, nicht auf ihre Glaubwürdigkeit überprüft.

Er hat die Ermittlungen aufgegeben, nachdem Ursula Kablau gestanden hatte, obwohl die Glaubwürdigkeit dieses Geständnisses weder bewiesen noch wahrscheinlich war. Es stimmte zum Beispiel mit dem Obduktionsbefund nicht überein. Ursula Kablau hat von Anfang an bestritten, ihr Kind mit den Händen gewürgt zu haben. Am Hals des Kindes waren aber eindeutige Würgemale festgestellt worden.

Er hat nicht nach einem Motiv gesucht, sondern sich auch in diesem Punkt mit den Angaben Walter Kablaus begnügt.

Er hat Hinweise seiner Untergebenen, die Walter Kablau belasteten, als nichtig abgetan.

Er hat sich nur auf seine vermeintliche Erfahrung verlassen: Es gibt kaum ein kriminalistisches Sorgfaltsprinzip, gegen das August Schmidt und seine Leute nicht verstoßen haben.

Dreimal trat August Schmidt in den Zeugenstand, dreimal brachte er dem Vorsitzenden, und nicht nur ihm, das Gruseln bei.

Wem sollte er nun noch glauben? Wie die Verhandlung weiter-
führen? Da wurde bei Gott, dem Allmächtigen und Allwissen-
den, geschworen, aber daß nicht alles stimmen konnte, was gesagt worden war, lag auf der Hand.

Ob er davon gewußt habe, daß ein Gespräch zwischen Walter
Kablau und seiner Frau abgehört und mitgeschnitten wurde,
und zwar mit dessen Einverständnis oder sogar auf dessen Vor-
schlag, aber ohne Einverständnis und Wissen der Frau, wurde
ein Kollege August Schmidts gefragt. Der Kollege, der an einer
Kehlkopfentzündung litt, wisperte ins Mikrophon: *Nein. Das
ist ja auch völlig unmöglich. So etwas machen wir nicht. Das sind
doch keine Methoden.*

August Schmidt hat's dennoch möglich gemacht.

Richter Maul begann, mit seinem Geschick zu hadern. Immer
häufiger schlich sich in seine Rede die Bitte ein, man möge ihm
verzeihen, es sei doch alles so kompliziert. Und am elften Tag
dieses Prozesses, der ursprünglich schon am achten zu Ende sein
sollte, stellte er dem psychiatrischen Sachverständigen eine Frage, die wohl noch kein Vorsitzender eines Schwurgerichts an
einen Sachverständigen gestellt hat: *Sagen Sie mir doch mal bitte:
Wer war denn nun eigentlich der Mörder?* Den Staatsanwalt riß
es vom Stuhl.

Das unbefriedigende Urteil

Nun, das war eine ungewöhnliche und nicht statthafte Frage,
aber sie war naheliegend und stellte sich fast von selbst. Ein anderer Richter hätte sie vor dem 26. Januar 1967 stellen sollen: der
Vorsitzende der 3. Strafkammer am Frankfurter Landgericht,
der Eröffnungskammer, die beschlossen hatte, die Hauptverhandlung gegen Ursula Kablau auf Grund der vorliegenden Akten anzusetzen, routinemäßig, wie man fürchten muß, ohne die

Lücken in der Anklageschrift zu entdecken und gegen die aktenkundig gewordenen Bedenken des Untersuchungsrichters, des Landgerichtsrates Heinrich Müller, der begriffen hatte, daß es in dieser Sache noch einiges zu klären gab.

Ich glaubte, auf den Ehemann nicht verzichten zu können. Ich wußte zu wenig von dieser Frau, und ich hatte ein ungutes Gefühl. Ich habe den Mann geladen. Leider ist er nicht mehr bei mir erschienen. Ich hatte gleich den Verdacht, daß er sich meiner Vernehmung möglicherweise aus Angst vor unangenehmen Fragen entzogen haben könnte. Ich habe diesen Verdacht auch sofort der Staatsanwaltschaft mitgeteilt.

Niemand reagierte. Das aber ist nicht der Sinn des Eröffnungsbeschlusses. § 202 der Strafprozeßordnung: *Bevor das Gericht über die Eröffnung des Hauptverfahrens entscheidet, kann es zur besseren Aufklärung der Sache einzelne Beweiserhebungen anordnen.*

Der Sinn dieses Paragraphen ist, zu verhindern, daß in der Hauptverhandlung dem Vorsitzenden die Rolle eines Untersuchungsbeamten zufällt, daß eine Hauptverhandlung auf Grund einer unzureichend vorbereiteten Anklageschrift eröffnet und – schließlich – daß eine Hauptverhandlung zur Farce wird.

Genau das ist im Fall Kablau nicht verhindert worden. Nicht eine bessere Aufklärung der Sache war hier nötig, sondern überhaupt eine Aufklärung.

Am zwölften Tag plädierten die Staatsanwälte. Siegfried Schmidt hielt sich an seinen Namensvetter und dessen Version des Tatablaufes, Erwin Gellenbeck übernahm die Verteidigung Walter Kablaus. Der Strafantrag entsprach der Anklageschrift: Die Beweisaufnahme habe keine nennenswerten neuen Gesichtspunkte ergeben, Ursula Kablau sei des Mordes überführt und deshalb mit lebenslangem Zuchthaus zu bestrafen. Sie machten es wieder kurz und noch weniger bündig.

Und sie machten es dem Verteidiger leicht, die Zweifel an der

Schuld der Angeklagten, die die Beweisaufnahme ergeben hatte, zusammenzufassen. In seinem dreistündigen Plädoyer, das nicht auftrumpfte, sondern geduldig und präzise vortrug, was vorzutragen war, brachte Günter Dörr nicht nur das Kartenhaus der Anklage zum Einsturz: Er gab dem Gericht, wie schon an den Tagen zuvor, noch einmal und in einem entscheidenden Augenblick die Hilfe, deren es so dringend bedurfte, und stellte, soweit es in seinen Kräften als Verteidiger stand, ein Gefühl der Rechtssicherheit wieder her. Er plädierte auf Freispruch.

Günter Dörr tat mehr als seine Pflicht. Richter Maul hatte den Vorsitz, Dörr hat die Verhandlung geführt.

Das Gericht entschied sich für einen Kompromiß und verurteilte Ursula Kablau wegen Beihilfe zum Mord zu zwölf Jahren Zuchthaus und sechs Jahren Ehrverlust.

Es scheint ein erträgliches Urteil zu sein, weil die Gefahr, daß Ursula Kablau zu einer lebenslangen Zuchthausstrafe verurteilt werden würde, am ersten Prozeßtag noch übergroß war; doch es ist kein befriedigendes Urteil: Es ist in der Strafzumessung zu hart, und es ist nicht ausreichend begründet. Zu viele vernünftige Zweifel auch an der jetzt vom Gericht festgestellten Schuld dieser nahezu schwachsinnigen und völlig wehrlosen Frau sind geblieben. Ihre Aussage, sie habe ihr Kind weder getötet noch töten wollen, sondern nur aus Angst vor ihrem Mann nicht verhindert, daß er es tötete, war ihr nicht zu widerlegen.

Das Gericht aber zog diese Aussage nur teilweise zur Urteilsfindung heran: Es erklärte zwar, daß es Walter Kablau für den Mörder halte, billigte aber der Angeklagten hinsichtlich ihres Angstzustandes keinen der entlastenden Paragraphen des Strafgesetzbuches zu. *Weil es ihr eigenes Kind war, um das es hier ging.*

Ein Mord, der ohne Strafe bleiben mußte

Der Türke Mahmut und die alte Dame

Die Nachbarn lachten über die alte Dame, die in Stöckelschuhen ging, sich sogar die Fußnägel noch lackierte, jugendliche Kleider trug, Tanzlokale aufsuchte und von hinten, wenn man sie die Straße entlangtrippeln sah, wie eine Vierzigjährige wirkte, obgleich sie die siebzig schon überschritten hatte. Und als die winzige und zerbrechliche alte Dame, die *gute Emmi,* noch einmal heiratete, wunderten sie sich. Denn der Mann, den sie sich erkor, war nicht halb so alt wie sie und ein kräftiger Kerl, ein Klotz von einem Türken.

Auf einem ihrer Streifzüge hatte sie ihn kennengelernt, in einem jener Lokale, in denen sich die eine sexuelle Not, die der Fremden, die keine Mädchen finden, zu der anderen, der alleinstehender Frauen, an den Tisch setzt. Sie wollte endlich ihr Leben, das bis dahin kümmerlich verlaufen war, genießen, nachdem sie ein Jahrzehnt geopfert hatte für einen Polen, der ein Pflegefall war und ihr nicht bieten konnte, wonach auch sie verlangte. Sie tanzte mit Mahmut, dem Türken, und sie lud ihn ein in ihre Wohnung. Ein Heim versprach sie ihm, wenn er nur das Bett mit ihr teile. Er nahm sie, und sie band ihn an. Sie ging zum Notar und hinterlegte ein Testament zu seinen Gunsten, sie setzte alles auf eine Karte. Was sie habe, werde er erben, sagte sie, wenn er sie nicht mehr verlasse vor ihrem Tode. Doch heiraten solle er sie, darauf bestand sie.

Mahmut Kaya willigte ein. Im Sommer 1963 wurde die vierzig Jahre ältere Witwe Emmi seine Frau. Er war einunddreißig, als er aus der Türken-Unterkunft, in der er gehaust hatte, umzog in ihre Wohnung nach Hamburg-Altona.

Die Nachbarn sagen, es sei eine glückliche Ehe gewesen, zuerst jedenfalls. *Emmi war sehr stolz, daß sie einen so jungen Mann gefunden hatte. Nur gute Worte hat sie für ihn gehabt. Daß er fleißig war und immer brav sein Geld zu Hause abgeliefert hat, konnte sie nicht oft genug erzählen. Sie lebte richtig auf. An den Altersunterschied haben wir uns schließlich gewöhnt. Sie war eine wunderbare Frau, aber auch Mahmut machte den allerbesten Eindruck auf uns. Er hing an Emmi.*

Fast zwei Jahre lang hatte Emma Kaya keinen Grund zur Klage.

Doch im Sommer 1965 trübte sich das Glück der Kayas. Immer häufiger trieb es Mahmut aus dem Haus, zurück in die Kneipen, die er kannte, zurück an den Spieltisch, und es geschah, daß er wegblieb auch über Nacht. Streit kam auf. Daß er ihr Geld verspiele, warf Emmi ihrem Manne vor, daß er andere Frauen haben könnte, argwöhnte sie. Und mit Sorge sah sie, daß er sich wieder herumschlug mit seinen Landsleuten. Sie machte ihm Szenen. Sie erwog, sich von Mahmut zu trennen; aber sie vermochte es nicht. Was er auch tat, wie sehr er sie kränkte, sie verzieh ihm und ließ nicht ab von ihm, bis zuletzt nicht.

Und die Jahre begannen sie nun zu drücken. Zwar kleidete sie sich noch immer jugendlich, aber ihr Gang wurde schleppend.

Am 10. Juli 1965 stolperte Emma Kaya in ihren Stöckelschuhen und stürzte auf der Treppe vor der Wohnung einer Freundin. *Sie ist bis ganz nach unten gefallen, siebzehn Stufen sind das, sie hat geschrien, und als ich rauslief, lag sie da, als ob sie nicht mehr aufstehen könnte.*

Am 16. Juli verließ Mahmut am Nachmittag die Wohnung, um in seinem Stammlokal Karten zu spielen. Gegen Mitternacht schickte er seinen Freund Afni mit einem Taxi zu seiner Frau, weil er Geld brauchte. Emma Kaya gab Afni, den sie kannte, da er einmal ihr Untermieter gewesen war, die gewünschten hundert Mark und schenkte ihm noch einen Apfel für den

Weg. *Ob sie hinter mir die Haustür abgeschlossen hat, weiß ich nicht. Aber sie hatte schon ihr Nachtzeug an.* Kurz nach Mitternacht übergab Afni Mahmut das Geld.

Mahmut spielte bis gegen eins. Er sei dann noch in einem anderen Lokal gewesen, habe eine Hähnchenbraterei aufgesucht und sei erst nach zwei zu Hause angekommen. *Da lag meine Frau tot im Bett. Ich konnte es gar nicht glauben. Ich dachte an den Treppensturz. Da bin ich weggelaufen, um Hilfe zu holen.*

Niemand schöpfte Verdacht

Am 17. Juli, gegen halb drei Uhr morgens erschien Mahmut bei einer Freundin seiner Frau, einer Gastwirtin: *Edith komm! Frau tot!*

Er weinte und machte einen verzweifelten Eindruck. Ich bin mit ihm in die Wohnung gegangen, und da lag Emmi im Bett, zugedeckt bis zum Kinn. Ich habe sie angefaßt und gemerkt, daß sie am Kopf schon ganz kalt war. Da habe ich zu Mahmut gesagt, daß Emmi tot ist. Ich habe ihn getröstet. Daß Emmi doch schon so alt war, habe ich gesagt.

Wenige Minuten vor drei war ein Funkstreifenwagen zur Stelle, den die Gastwirtin in ihrer Ratlosigkeit telephonisch herbeigerufen hatte. Die Polizisten diagnostizierten einen normalen Sterbefall und veranlaßten, daß ein Arzt geholt wurde und die Feuerwehr. Keinem der Beamten fiel auf, daß die alte Frau, die da in ihrem Bett lag, ermordet worden war. Niemand schöpfte einen Verdacht gegen Mahmut.

Erst der Obduktionsbefund des Gerichtsmedizinischen Institutes, der im Laufe des nächsten Tages eintraf, alarmierte die Mordkommission. Emma Kaya war erwürgt worden. Darüber hinaus wies die Leiche der alten Frau zahlreiche schwere Verletzungen auf: An ihrem Kopf fanden sich Schlagspuren. Ihre

Leber war gerissen. Durch eine Verletzung an der rechten Herzkante war Blut in den Herzbeutel gedrungen. Die Bauchspeicheldrüse war abgequetscht. Sechzehn Rippen waren gebrochen, und in der Lunge war es zu einer Fettembolie gekommen.

Auf dem Bauch der Toten schließlich fand sich eine Abschürfung, die von einem besonders wuchtigen Fingerring stammen mußte.

Am 21. Juli wurde Mahmut Kaya verhaftet. Ihm, dem Ehemann, traute die Kriminalpolizei am ehesten ein Motiv zu, denn ein Raubmord lag nicht vor. Emma Kaya hatte sich gegen ihren Mörder nicht zur Wehr gesetzt, die Tote lag wie aufgebahrt in ihrem Bett, in einem aufgeräumten Zimmer. Nichts fehlte, nichts war durchwühlt. Mahmut trug an beiden Händen dicke Ringe. Er hatte kein Alibi. Und er hatte zunächst seine intimen Beziehungen zu einer anderen Frau geleugnet und diese angehalten, ebenfalls zu schweigen. Es müsse Geld in der Wohnung gewesen sein, seine Frau habe ihm einmal achtzehntausend Mark in einem Briefumschlag gezeigt, hatte er außerdem behauptet. Aber mit ihrer Arbeit konnte Emma Kaya, die seit Jahren nur zweimal in der Woche als Putzfrau beschäftigt war, solche Summen kaum verdient haben.

Das genügte.

Die Staatsanwaltschaft erhob Anklage wegen Mordes. Sie legte Mahmut Kaya zur Last, *seine Ehefrau erdrosselt zu haben, während sie im Bett lag, um die Möglichkeit zu haben, seine Freundin zu heiraten.*

Fast zwanzig Monate verstrichen. Mahmut lernte in seiner Einzelzelle Lesen und Schreiben. Die Untersuchungsrichter quälten sich durch das Vorverfahren. Sie hätten dabei Türkisch lernen können.

Es war wie verhext. Dutzende von Zeugen mußten vernommen werden, darunter zahlreiche Landsleute Mahmuts. Mit den meisten Aussagen war nichts anzufangen. Und die wenigen Zeugen, mit deren Aussagen man unter Umständen etwas hätte anfangen können, verschwanden vor ihrer richterlichen Vernehmung auf Nimmerwiedersehen in die Türkei. Zum Beispiel die türkischen Untermieter Emma Kayas. Zum Beispiel jener Ahmed, dessen Photographie Mahmut im Bett seiner Frau gefunden haben will, nachdem man sie weggetragen hatte. Belastende Indizien lösten sich in Luft auf. Es wimmelte plötzlich von Türken, die dicke Ringe trugen. Und Mahmuts angebliches Motiv drohte abhanden zu kommen. Das Drama der Nacht vom 16. auf den 17. Juli 1965 gewann groteske Züge.

Kein Raum für Affekte

Am 6. März 1967 eröffnete Landgerichtsdirektor Klaus Dietrich Zimmermann die auf acht Tage angesetzte Hauptverhandlung. Nach sechs Tagen sprach das Hamburger Schwurgericht, dem Antrag des Staatsanwaltes folgend, der nach dem Ergebnis der Beweisaufnahme den Vorwurf des Mordes nicht mehr aufrechterhielt, den Angeklagten mangels Beweises auf Kosten der Staatskasse frei.

Das war durchaus nicht selbstverständlich. Aber Mahmut Kaya hatte das Glück, an einen Vorsitzenden zu geraten, der unnachsichtig die Zweifel sammelte, die zugunsten des Angeklagten sprachen. Er stand vor einem Richter, der in keinem Augenblick der Verhandlung gestattete, daß sich Affekte in die Lücken schoben, die die Anklageschrift gelassen hatte. Was irgend zu klären war, klärte er. Wo Zweifel blieben, unterband er kühl jede Spekulation.

Da versuchten zwei Zeugen, ein Türke und seine deutsche Freundin, Mahmut nachträglich ein Alibi zu zimmern. Nicht gegen ein Uhr habe Mahmut in jener Nacht das Lokal verlassen, wie sie noch beim Untersuchungsrichter angegeben hätten, sondern erst gegen zwei, daran erinnerten sie sich jetzt genau. Zimmermann blieb gelassen. Da wurde der Zeugin bang. Als es ans Schwören ging, zog sie es vor, sich plötzlich an nichts mehr genau zu erinnern. Der Türke aber blieb fest und griff zum Koran. Zimmermann ließ ihn gewähren, nachdem er ihn einmal gewarnt hatte.

Ein anderer Zeuge, ein älterer Herr, wurde, nachdem er artig seine Personalien angegeben und erklärt hatte, er kenne die Frau Kaya gut, denn er wohne in dem Haus, in dem sie gelebt habe, unversehens von einem schlimmen Gelächter gepackt, das in ihm aufstieg bei dem Gedanken, daß er damals, gerade an dem Morgen, an dem es passiert war, eigentlich in den Urlaub fahren wollte. *Die Koffer waren schon gepackt, stellen Sie sich das bloß vor!* Wenige Sekunden später war der Mann kuriert und sah aus, als habe er sich vorgenommen, für den Rest seines Lebens lieber nicht mehr zu lachen. Und das, obwohl der Vorsitzende keine Miene verzogen und seine Stimme nicht erhoben hatte.

Eine Zeugin trat auf, für die um ein Haar die zweite Hälfte der Doppeltür in den Schwurgerichtssaal hätte aufgeschlossen werden müssen, eine Zeugin, die noch dazu so hieß, wie sie aussah. Zimmermann stellte ihr keine einzige Frage zur Person.

Und da war vor allem die Freundin Mahmuts, das angebliche Motiv. Hier waren peinliche Fragen unerläßlich, um des Angeklagten willen, und galt es, peinlichen Antworten zu widerstehen, um der Zeugin willen.

Sie habe nicht daran gedacht, Mahmut zu heiraten, erklärte die Zeugin. *Ich habe schließlich Kinder und bin auch nicht mehr ganz neu. Ich bin vierundfünfzig. Und Mahmut hat auch nicht daran gedacht. Meine Frau eine gute Frau, hat er mir gesagt. Zuerst habe ich nicht gewußt, daß er verheiratet war, aber als ich es erfuhr, als ich hörte, daß er eine deutsche Frau hatte, da wollte ich Schluß machen. Das geht ja nicht. Wissen Sie, ich war in der Türkei, ich kenne mich da aus. Da sagt man Bruder und Schwester zueinander.*

Der Mahmut war der ehrlichste Türke, den ich in meinem Leben getroffen habe. Der ist doch nur zu mir gekommen, weil ich ihm was Türkisches gekocht habe. Das kann ich nämlich. Und dann, na ja, wissen Sie, man ist doch auch nur ein Mensch. Aber ernste Absichten, nein. Das kam gar nicht in Frage. Ich war auch nicht verlobt mit ihm! Nie! Das stand aber in der Zeitung. Sehr traurig! Meine Kinder leben doch noch. Sehr traurig ist das!

Und auf die entscheidende Frage, ob sie sich daran erinnern könne, an welchem Tag Mahmut sie aufgefordert habe, der Kriminalpolizei ihre Beziehungen zu ihm zu verschweigen, am Sonnabend, dem 17. Juli, schon, als ihm noch niemand mitgeteilt hatte, daß Emma Kaya erwürgt worden war, oder erst am Sonntag, als die Kripo ihm dies bereits vorgehalten hatte und es auch den Nachbarn schon zu Ohren gekommen war, beteuerte sie, das sei frühestens am Sonntag gewesen. Mit dieser Aussage brach das ohnehin schon wacklige Indiziengebäude auseinander.

Nur eine Gewißheit blieb: daß irgend jemand am frühen Morgen des 17. Juli 1965 eine harmlose Frau, die nichts wollte als einen jungen Mann für ihre alten Tage, ermordet hat.

Vom Vorsitzenden um das letzte Wort gebeten, beschwor Mahmut noch einmal seine Unschuld. *Allah ist mein Zeuge, ich habe es nicht getan!*

Aber es war nicht dieser Schwur, der ihn rettete. Noch immer sprach manches dafür, daß Mahmut in jener Nacht seine Frau getötet hat, weil er ihre Vorwürfe und das Leben an ihrer Seite nicht mehr ertrug. Das Gericht hätte diesen Schluß ziehen können. Es hat ihn nicht gezogen. Es sprach ein souveränes Urteil und ließ den Türken laufen.

Der Bestattungsunternehmer, dem Mahmut noch die Kosten für das erstklassige Begräbnis schuldet, welches Emma Kaya auf Mahmuts Wunsch damals zuteil wurde, kann zufrieden sein mit diesem Urteil. Er wird sein Geld bekommen, vom Lohn des Türken. Jeder muß mit diesem Urteil zufrieden sein.

Recht in höchster Instanz

Eine Revisionsverhandlung des Bundesgerichtshofs –
Paragraph 51, Absatz eins oder zwei? –
Im Namen des Volkes gegen Volkes Stimme

Als der Landwirt Pöhner aus Gesees am frühen Morgen des 14. März 1964, einem Sonnabend, in der Nähe der Brücke Spänfleck an der Autobahn Bayreuth–Nürnberg in einem Gebüsch das Menschenbein fand, lagen die meisten Bürger Bayreuths noch in ihren Betten. Als am 18. Oktober 1966 ein Bayreuther Schwurgericht nach zweimaliger Verhandlung den US-Oberleutnant Gerald M. Werner vom Vorwurf des Mordes freisprach und seine Unterbringung in eine Heil- und Pflegeanstalt verfügte, gingen die meisten Bürger Bayreuths auf die Barrikaden.

Den Landwirt Pöhner durchfuhr an jenem Morgen der Schreck seines Lebens. Er rannte los, zur Polizei. Die stand schon hundert Meter weiter an der Autobahn und nahm einen harmlosen Unfall auf. Noch während die Beamten Alarm gaben, fanden die drei in den Unfall verwickelten Berliner das zweite Bein und einen Arm. Und am Mittag des gleichen Tages entdeckten Journalisten vier Kilometer von Spänfleck entfernt, auf dem Parkplatz bei Unternschreez, den Rumpf und den anderen Arm und Polizisten den Kopf einer weiblichen Leiche. Die Gliedmaßen waren mit einem Messer vom Rumpf getrennt worden, der Rumpf war geöffnet, und obwohl die inneren Organe zum Teil entfernt worden waren, ergaben sich Zeichen dafür, daß bei dem Mädchen zur Zeit des Todes eine Schwangerschaft bestanden hatte. Als Todesursache schien ein Halsschnitt in Frage zu kommen.

Am Montag identifizierte der städtische Elektromeister Christian Schamel aus Bayreuth, nachdem seine Frau beim Frühstück entsetzt in einer Zeitung die Abbildung des aufgefundenen Kopfes erblickt hatte, die Leiche als die seiner neunzehnjährigen Tochter Ursula. Am Dienstag wurde der damals noch nicht siebenundzwanzigjährige Sicherheits- und Gerichtsoffizier des bei Bindlach stationierten Bataillons der US-Army, Oberleutnant Werner, verhaftet. Zu ihm war das Mädchen am Tage ihres Todes gefahren, die Kriminalpolizei hatte im Kofferraum seines Wagens und in seinem Badezimmer zahlreiche Blutspuren sicherstellen können und im Waschbecken ein erbsengroßes Stückchen Fettgewebe und in der Klärgrube des Hauses, in dem Werner wohnte, zwei handtellergroße Stücke einer menschlichen Bauchdecke sowie einen Fötus, eine Gebärmutter, eine Brust, die restlichen Eingeweide und Teile des Personalausweises von Ursula Schamel entdeckt. Am Mittwoch gestand Werner die Tat.

Er habe, sagte Werner, Ursula Schamel in der Badewanne getötet, weil er plötzlich, als er zu ihr in die Wanne steigen wollte, den unwiderstehlichen Drang verspürte, daß er *den Unrat loswerden* müsse; Ursula Schamel habe immer schmutzige Fingernägel gehabt. Er habe das Mädchen unter Wasser gedrückt und dann, als es sich nicht mehr regte, angefangen, es mit dem Rasiermesser zu zerschneiden. Teile der Leiche habe er in die Toilette gespült, andere, die zu groß waren, habe er in einen Karton gelegt und später mit seinem Wagen an die Autobahn gebracht und dort verstreut. Dann habe er das Badezimmer gesäubert. Die Nacht habe er mit einem anderen Mädchen verbracht, das ihn noch besuchte. Wie es zu der Tat kam, könne er nicht erklären, er habe eben nur *den Unrat beseitigen* wollen, einen anderen Gedanken habe er während der ganzen Zeit nicht gehabt. Alles erscheine ihm wie ein Traum, man solle ihm doch bitte erklären, warum er es getan habe.

Wochenlang machte Werner, die *Bestie von Bayreuth*, Schlagzeilen. Allenthalben wurde die Forderung laut, diesen Mörder
nicht der amerikanischen Gerichtsbarkeit zu überlassen, und
das Bayerische Justizministerium trug diesen Forderungen Rechnung. Der Fall Werner wurde dem Landgericht Bayreuth über-
wiesen.

In Hof, weil in Bayreuth noch kein hinreichend großer Schwurgerichtssaal zur Verfügung stand, fand die erste Hauptverhandlung gegen Werner statt. Zwei psychiatrische Sachverständige,
Professor Walz aus Erlangen und Professor Rauch aus Heidelberg, waren geladen worden.

Experte gegen Experte

Professor Walz sprach von einem *typischen Lustmord*, auch habe
das folgerichtige und überlegte Verhalten des Angeklagten nach
der Tat gezeigt, daß hier ein raffinierter Mörder geschickt seine
Spuren verwischen wollte. Allerdings müsse wohl eine vermin-
derte Zurechnungsfähigkeit im Sinne des Paragraphen 51, Absatz 2, angenommen werden, da Werner in einem *Vernichtungs-
rausch* gehandelt habe und außerdem eine Epilepsie vorliege.
Professor Rauch dagegen diagnostizierte eine schwere Schizophrenie und empfahl dem Gericht die Anwendung des Paragraphen 51, Absatz 1. Die Verwirrung war groß, das Gericht ratlos:
Lustmord, Epilepsie, Schizophrenie, Absatz 1 und Absatz 2. Die
Sachverständigen widersprachen sich exakt. Der Staatsanwalt
beantragte lebenslanges Zuchthaus, der Verteidiger die Einweisung in eine Anstalt. Das Gericht setzte die Hauptverhandlung
aus und beschloß, ein weiteres Sachverständigengutachten ein-
zuholen.

Ein Jahr später, im Oktober 1966, begann die zweite Hauptverhandlung, diesmal in Bayreuth; denn der neue Schwurgerichts-

saal war inzwischen fertig geworden. Sie dauerte nur drei Tage: Die hamburgische Universität hatte unter der Federführung von Professor Bürger-Prinz ein Fakultätsgutachten erstellt, das Werner den Absatz 1 des Paragraphen 51 zubilligte und das Gutachten des Professors Walz überzeugend und detailliert widerlegte.

Ein Lustmord liege zweifelsfrei nicht vor, die Exploration habe genügend Hinweise dafür ergeben, daß Werner im Augenblick der Tat nicht fähig war, ihre Strafbarkeit einzusehen, es sei eine organische Hirnverletzung festgestellt worden, Werner leide an einer fortschreitenden Geisteskrankheit. Das Gutachten empfahl die Einweisung in eine Heil- und Pflegeanstalt, da Werner als gefährlich anzusehen sei.

Da blieb dem Staatsanwalt nichts anderes übrig, als den Freispruch und die Einweisung zu beantragen, und dem Gericht, dessen Sorgfalt dieser Antrag zu verdanken war, nichts anderes, als ihm zu folgen. Es sprach nach einer untadeligen und gewissenhaften Verhandlung ein untadeliges und gewissenhaftes Urteil.

In Bayreuth aber brach ein Sturm der Entrüstung los. Mehr als eine Zeitung hatte noch während des Prozesses geschrieben, daß Werner simuliere, und das war die am weitesten verbreitete Ansicht des Falles in Bayreuth.

Hängt ihn! riefen die Zuhörer bei der Urteilsverkündung: *Unerhört! Ein Mörder wird freigesprochen! Das ist eine Schweinerei! So etwas gibt es doch nicht! Am besten verleiht man der Bestie noch einen Orden! Rübe runter!*

Der Oberbürgermeister der Stadt erklärte, er sei über das Urteil entsetzt.

Der Staatsanwalt wurde mit Drohbriefen und anonymen Schmähungen überschüttet.

Der damalige bayerische Finanzminister, ein Namensvetter des Bauern, der das Bein gefunden hatte, beklagte den Umstand, daß die Sache Werner nicht den Amerikanern überlassen worden sei: *Jetzt sind wir es, die ihn freigesprochen haben!*

Der Bayreuther SPD-Abgeordnete Hauffe schließlich band den größten Hund los: *Ich bin erschüttert über den Gang der Dinge. Dieser Prozeß hat uns im Aufbau unseres Staates mehr geschadet, als die Politiker gutmachen können!*

Und der katholische Kaplan Franz Müller sekundierte: *Ich sage es ganz offen: Solche Urteile können das Vertrauen in die deutsche Justiz erschüttern. Das Urteil im Werner-Prozeß ist unverständlich. Man bekommt direkt Mitleid mit den kleinen Sündern, die in den Gefängnissen korrekt ihre Strafe absitzen, obwohl sie alle viel weniger verbrochen haben. Man kann sich des Eindrucks nicht erwehren, als solle der Strafvollzug bei Kapitalverbrechen immer mehr auf die Irrenhäuser verlagert werden.*

In dieser Atmosphäre hat das Bayreuther Schwurgericht dieses Urteil gefällt.

Es wurde Revision eingelegt. Vom Staatsanwalt, auf alle Fälle, und von dem wohlhabenden und einflußreichen Bayreuther Rechtsanwalt Fritz Meyer, dem Vertreter der Nebenklägerin, der Mutter des ermordeten Mädchens.

Fritz Meyer, der einmal für das Amt des Oberbürgermeisters zu Bayreuth kandidiert hatte und dabei nur knapp unterlegen war, sprach aus, was viele dachten: *Wie es in dem Gehirn dieses amerikanischen Offiziers ausgesehen hat, als er sich wie eine Bestie auf das Mädchen gestürzt und es zerrissen hat, kann heute niemand mehr sagen. Man sollte nicht alles, was die Wissenschaft predigt, als reines Evangelium auffassen. Ein Laie mit gutem Riecher kommt manchmal zu besseren Ergebnissen als ein Gelehrter. Meiner Meinung nach ist der Angeklagte nicht schizophren.*

Am 11. April 1967 trafen sich die Parteien vor dem I. Strafsenat des Bundesgerichtshofes in Karlsruhe wieder. Totenblaß und wie versteinert saß Oberleutnant Werner, noch immer in Uniform der US-Army, vor den fünf Richtern in roten Roben, flankiert von bewaffneten Militärpolizisten. Draußen war es frühlingsschwül an diesem Tage in Karlsruhe, doch im Sitzungssaal herrschte die unerbittliche Kühle höchstrichterlicher Autorität.

Das war kein Klima für Rechtsanwalt Fritz Meyer: Sein Bayreuther Pathos klang schal vor diesen Richtern, und sein Versuch, Prof. Bürger-Prinz der Befangenheit zu zeihen, ihm im Namen des sogenannten gesunden Volksempfindens Unsachlichkeit vorzuwerfen, fand hier keinen Boden. Gehilfen des Angeklagten, sagte er, seien auf Veranlassung des Professors Bürger-Prinz tätig geworden. Er meinte die Verwandten des Leutnants, die Bürger-Prinz auf eigene Faust um Auskunft über Werner gebeten und von denen er erfahren hatte, daß die Großmutter Werners ihr Leben in einer Anstalt verbrachte, daß es einen Selbstmord in der Familie gegeben hatte und sogar einen Mord. Fritz Meyer stellte den Antrag, eine neue Hauptverhandlung anzusetzen; denn diese Zeugen seien nicht vor Gericht vernommen und deshalb rechtswidrig in das Verfahren eingeführt worden. Außerdem sei der Angeklagte während der Verhandlung nicht darauf hingewiesen worden, daß gegen ihn auch auf Einweisung erkannt werden könne.

Fritz Meyer hatte sich mit diesem Antrag dem des Bundesanwalts angeschlossen, der ebenfalls den Standpunkt vertrat, das Bayreuther Schwurgericht habe den Grundsatz der freien Beweiswürdigung verletzt. Außerdem liege eine fehlerhafte Anwendung des Paragraphen 51 vor, das Schwurgericht habe sich kritiklos dem Hamburger Gutachten anheimgegeben – dem *Psychiater vom hohen Stuhl.* Es handle sich um einen *unglaublich glatten Freispruch,* den er aufzuheben bitte. Der Angeklagte habe sich nach der Tat zielstrebig verhalten, außerdem sei er Sicherheitsoffizier gewesen, und niemand habe vor der Tat die Anzeichen einer geistigen Erkrankung an ihm feststellen können.

Auch der Bundesanwalt Kohlhaas hatte keinen guten Tag. Zu

einer Replik auf die Ausführungen des Verteidigers, der die bundesanwaltliche Wertung klinischer Symptome zurückwies, erhob er sich mit der Bemerkung: *Ich antworte nur, damit man nicht denkt, ich hätte nichts über Schizophrenie gelesen. So oberflächlich bin ich nicht!* Und als ihn der Senatspräsident bat, doch auf den Übersetzer Rücksicht zu nehmen, dieser könne ihm nicht mehr folgen, verfiel Kohlhaas in leutseliges Plaudern: *Ich hab halt grad ganz vergessen, wo ich bin.*

Notwendige Einsicht

Fritz Meyers Revisionsbegehren wurde vom Senat, soweit es sich auf die unterbliebene Belehrung bezog, als unzulässig verworfen, da die Unterlassung einer Belehrung, die zum Schutze des Angeklagten vorgeschrieben sei, nicht als Revisionsgrund zu seinem Nachteil geltend gemacht werden könne. Die übrigen Revisionsbegehren wurden als nichtig erklärt; denn es sei nirgendwo im Urteil des Bayreuther Schwurgerichts zu erkennen, daß die Aussagen der amerikanischen Verwandten zur Urteilsfindung herangezogen worden seien. Es hätten diese lediglich den Anstoß zu einer gründlichen psychiatrischen Exploration gegeben. Schließlich habe sich das Bayreuther Schwurgericht keineswegs kritiklos dem Gutachten der Hamburgischen Universität angeschlossen, sondern nur nach dem Grundsatz *in dubio pro reo* zugunsten des Angeklagten entschieden. Die Einweisung Werners in eine Heil- und Pflegeanstalt sei damit rechtens, das freisprechende Urteil des Schwurgerichts bestätigt.

Gerald M. Werner wird in der Bundesrepublik bleiben, die Tore irgendeiner deutschen Heil- und Pflegeanstalt werden sich hinter diesem Kranken schließen, vielleicht für immer. Man wird ihn vergessen, auch in Bayreuth. Nur die unmittelbar Betroffenen werden sich seiner und seiner Tat erinnern, bis an ihr Lebensende: die Mädchen, die wie Ursula Schamel ihn besucht und mit ihm geschlafen und gebadet haben, und die Mutter Ursula Schamels.

Die Mädchen, es waren fast dreißig, einige sind inzwischen verheiratet, werden mit Schrecken an ihn denken; denn was Ursula Schamel geschah – wie leicht hätte es auch ihnen geschehen können.

Und die Mutter Ursula Schamels wird nie verstehen, warum es gerade ihre Tochter traf. Nur ein Sohn ist ihr geblieben von drei Kindern: Der andere Sohn stürzte an einem 11. November, als im Kolpingsaal in Bayreuth der Fasching eröffnet wurde, auf einer Treppe so schwer, daß er starb. Und ihr Mann, der städtische Elektromeister, kam 1965 mit einem offenen Starkstromkabel in Berührung. Jetzt hat sie Angst um ihren Jüngsten. Daß es auf die Tat des Mannes, der ihr die Tochter nahm, nur dieses Urteil geben konnte – diese Einsicht kann niemand von ihr verlangen.

Von ihr nicht. Von uns aber, auch von den Bayreuthern, muß man sie verlangen.

Pechvogel als Kidnapper

Welches Ding er auch drehte, es lohnte sich nie und ging immer schief. Das Pech hat Jürgen Henschel, den zweiundzwanzigjährigen Kidnapper von Berlin, auf seinen krummen Wegen verfolgt wie selten einen. *Ein bißchen höher klettern* wollte er, aber er stolperte nur von einer Panne in die andere.

Wenn er einbrach, war die Beute meist kläglich. Einmal war es eine Rolle Tesafilm, ein anderes Mal eine leere Bierflasche. Aber er nahm den Tesafilm mit und die Bierflasche und kassierte die zwanzig Pfennig Pfand.

Sein Vater, der die Mutter verlassen hatte, wollte nichts von ihm wissen. *Guten Tag, Herr Henschel,* sagte Jürgen am Fabriktor zu seinem Vater, aber der ließ ihn stehen. Gegen die Freunde der Mutter wehrte er sich. Da steckte die Mutter, die die Freunde nicht missen wollte, ihn in ein Heim.

Als die Mädchen in sein Leben traten, stieg sein Mut. Für eine, die ihm Hoffnungen gemacht hatte, stahl er ein Sparbuch. *Ich wollte doch mit ihr nach Griechenland fahren, in ihre Heimat.* Aber als er aus dem Gefängnis kam, heiratete sie einen anderen. Genau zwei Tage nach seiner Entlassung. *Da war es natürlich aus mit mir.*

Was er auch versuchte, es klappte nicht mit den Mädchen. Er schrieb Briefe: *Wertes Fräulein! Ich heiße Jürgen Henschel. Wollen Sie sich mit mir treffen? Leider strahle ich nicht so einen Charme aus.* Der einen schickte er Rosen, für achtzig Mark rote Rosen, der anderen ein goldenes Armband, die dritte führte er ins Hilton zum Souper, der vierten versprach er eine Feuerzangenbowle, aber die gab es nicht mehr in dem Lokal, in das er sie eingeladen hatte. Kein Mädchen blieb bei ihm. Auch die nicht, der er auf eine Annonce geschrieben hatte. *Er war einfach nicht mein Typ.*

Da wollte Jürgen Henschel es wenigstens sonst zu etwas bringen. Er richtete sich zu Hause in seinem Zimmer eine Wandbar ein, obwohl er kaum einen Tropfen trank. Und wenn er irgendwo las, daß eine *flinke Kraft* gesucht werde, bewarb er sich sofort. *Ich kann eben alles. Ich habe mich auch als Verkaufsberater bei IBM beworben, aber da wäre ich nur ein kleines Rad gewesen. Deshalb bin ich für weniger zu dem Autoverleiher. Da war ich regelrecht Geschäftsführer. Aber nach vier Wochen bin ich gegangen, weil mein Chef einen Filmstar rausgeschmissen hat, einen ganz berühmten.* Das hatte ihn aufgeregt.

Er gab Inserate auf: *Junger Kaufmann sucht Stellung.* Aber als er sich vorstellte, wurde er nicht eingestellt: *Die haben mir solche kaufmännischen Sachen gefragt, davon wußte ich aber nichts.*

Trotzdem verdiente Jürgen Henschel Geld mit Gelegenheitsjobs. So viel, daß er sich ein Auto anschaffen konnte: *Weil ich es abends immer so eilig hatte.* Aber mit dem richtig feinen Leben klappte es so wenig wie mit den Mädchen.

Und als Jürgen Henschel dann, des ewigen Kleinkrams überdrüssig, das ganz große Ding wagte, obwohl er in der Villa, in die er eingebrochen war, nur für ein mittleres ansaß, als er das kleine Mädchen entführte, obwohl er es nur auf einen Scheck des reichen Großvaters abgesehen hatte, klappte auch das nicht. *Ich habe meiner Mutter gesagt, sie soll mir zehn Stullen machen, ich müßte weg, aber sie hat die Wurst draufgemacht, die ich nicht mag.*

Jürgen Henschel betäubte die Mutter des Kindes mit dem Chloroform, das ihm sein Freund Peter aus Siegen besorgt hatte, und fesselte sie; das Kind brachte er in die Wohnung Anni Henschels. Dort wurde über die Summe gesprochen, die er verlangen müsse. *Die ganz großen Erpresser fordern für so etwas als Lösegeld mindestens dreißigtausend Mark.*

Jürgen Henschel verlangte fünfunddreißigtausend.

Aber das große Ding wuchs ihm über den Kopf. *Als ich merkte, daß das nicht gutgehen würde, habe ich das Kind mit meinem Bruder in die Laube gebracht und bin abgehauen.*

Das Kind wurde unversehrt gefunden, die Familie Henschel verhaftet, Jürgen in Oslo. Jetzt sitzt er zusammen mit seiner Mutter und seinem jüngeren Bruder Joachim und Peter, dem Freund aus Siegen, auf der Anklagebank im Saal 500 des Moabiter Kriminalgerichts und muß mit einer hohen Zuchthausstrafe rechnen.

Der Familienfriede ist gestört.

Meine Mutter ist sehr zänkisch, sagte Jürgen Henschel, *auch die Sache mit der falschen Wurst war Absicht, und sie hat mit meiner Zahnbürste das Waschbecken sauber gemacht.*

Der Jürgen hat mir immer was angetan, sagte Anni Henschel, *aber er ist doch mein Fleisch und Blut.* Die kleine alte Frau brach in Tränen aus.

Och, ich hab' gedacht, das ist dem Jürgen seine Sache, sagte Joachim, *und meine Mutter hat nur Angst gehabt, daß sie von dem Geld nichts abkriegt.*

Und Peter weiß von nichts. *Mit dem Chloroform kann man doch auch was anderes machen, und die Strümpfe, die ich besorgt habe, da dachte ich, die wollte Jürgen einer Freundin schenken.*

Das Pech ist den Henschels nach Moabit gefolgt.

Auch vor dem Richter gelingt ihnen nichts. Und wieder ist es Jürgen, der den Vogel abschießt. Was er auch vorbringt zu seiner Verteidigung, kein Wort davon kommt an. Sogar mit seinem Anwalt hat er Pech.

Als zur Sprache kam, ob Jürgen nicht daran gedacht habe, das Kind zu beseitigen, und Jürgen darauf keine rechte Antwort gab, war es der Rechtsanwalt Baumert, der so lange bohrte, bis Jürgen die Bemerkung entfuhr: *Na ja, an so was denkt man natürlich auch in der Panik, in der man da ist.*

Die Zeitungen haben von einem sensationellen Geständnis berichtet. Doch davon konnte keine Rede sein. Es war nur eine Panne, noch eine.

Und dann hat sie geschossen

Mordprozeß Kreutzmann – Eine beinahe alltägliche
Geschichte vom Mädchen, das dem Leben nicht gewachsen war

Im Jahre 1957 verließ das damals sechzehnjährige Mädchen
Gisela Kreutzmann die Stadt Halle und die DDR, seine nur
doppelt so alte Mutter und den neunundzwanzigjährigen Stiefvater, der das Mädchen, das die Schwester seiner Frau hätte sein
können, der Mutter vorzog, wenn er getrunken hatte. Sie sei
erst fünfzehn gewesen, als es zum ersten Male passiert sei, sagt
Gisela Kreutzmann. Sie habe das nicht ausgehalten, deshalb sei
sie bei ihrem Onkel in Neckarsulm geblieben.
Noch in Halle hatte sie nach der Volksschule eine Lehre als Verkäuferin abgeschlossen; als Verkäuferin in einem Lebensmittel-
geschäft arbeitete sie in Neckarsulm. Es sah so aus, als werde
alles gut. Da aber bekam sie Streit mit ihrem Onkel, und der Onkel setzte das ihm zugelaufene Mädchen kurzerhand vor die Tür.
Von diesem Tage an begann für Gisela Kreutzmann ein Leben,
dem sie nicht gewachsen war.
Sie zog in ein möbliertes Zimmer, dann in ein zweites, schließlich verließ sie auch Neckarsulm und fuhr mit ihrem damaligen
Freund, einem Bundeswehrsoldaten, nach Heilbronn. Dort
nahm sie eine Stellung als Verkäuferin in einem Bahnhofskiosk
an; und weil sie warme Kleidung brauchte für den Winter, ging
sie mit dem Besitzer des Kioskes ins Bett.
Immer häufiger wechselte sie ihre Arbeitsplätze, zweimal arbeitete sie in einer Fabrik, einmal als Kassiererin in einem Kaufhaus
in Tuttlingen, zwischendurch zog sie mit einer Zeitschriften-
werbegruppe durch Deutschland. Aber das war auch nicht das
Rechte.

Sie verliebte sich. Sie hatte den jungen Mann bei der Zeitschriftenwerbung kennengelernt. Sie wollte ihn heiraten. Sie folgte ihm auch nach Wuppertal zu seinen Eltern. Doch wenige Tage nach ihrer Ankunft kam der junge Mann bei einer Wirtshausschlägerei ums Leben. Das war im Januar 1960.

Seine Familie nahm sich ihrer an. So kam es, daß sie sich mit dem Bruder des Getöteten einließ, wenige Wochen später schon, zur Karnevalszeit. Ihn liebte sie nicht, aber von ihm wurde sie schwanger. Da unternahm sie ihren ersten Selbstmordversuch. Am 11. November 1960 gebar sie ihre Tochter Margot.

Von 1961 an arbeitete Gisela Kreutzmann fast nur noch in Gaststätten, als Serviererin, als Büfetthilfe, in der Küche. Ihr Verhältnis mit einem dreißig Jahre älteren, verheirateten Gastwirt endete mit ihrem zweiten Selbstmordversuch. Eine Verlobung, die sie ein paar Monate später mit dem zwanzigjährigen Sohn einer ihrer Zimmerwirtinnen einging, löste sie nach einem halben Jahr wieder auf: *Er war nur ein Muttersöhnchen, er konnte mir nicht beistehen.*

Ende 1963 leitete Gisela Kreutzmann vorübergehend eine Gaststätte in Gelsenkirchen; aber weil ihr die Arbeit zu schwer wurde, nahm sie in einer Bar in Ibbenbüren eine Stellung als Serviererin an.

In dieser Bar lernte sie im Januar 1964 den Vertreter Heinrich Lauströer kennen.

*

Lauströer war wesentlich älter als sie und verheiratet; aber Gisela Kreutzmann verliebte sich in ihn, weil er so anders war als die anderen Männer, die sie bisher kennengelernt hatte, so ruhig, zuvorkommend und nicht darauf bedacht, sogleich mit ihr ins Bett zu gehen.

Den Trick, der dahintersteckte, durchschaute sie nicht. Lauströer hatte seine eigene Taktik, sich dieses Mädchen gefügig zu machen, und er hatte allen Grund, seine Wünsche zögernd und vorsichtig anzumelden. Als Gisela Kreutzmann entdeckte, was Lauströer von ihr wollte, ekelte sie sich zwar; aber da kam sie schon nicht mehr los von ihm. *Jedesmal, wenn ich ihm sagte, ich würde das nun nicht mehr mitmachen, da jammerte und weinte und bettelte er so, daß er mir immer wieder leid tat. Ich glaube, ich habe ihn geliebt.*

Im Sommer 1964 zog Lauströer nach Hamburg. Gisela begleitete ihn. In schäbigen Hotels und Pensionen auf St. Georg, dem finstersten Stadtteil Hamburgs, lebte sie mit ihm; und da Lauströer tief in Schulden steckte, verfiel er alsbald auf den Gedanken, Gisela auf den Strich zu schicken. Er besorgte ihr Pervitin und Kunden. Was sie verdiente, kassierte er ab; den größten Teil vertrank er.

Ich habe das gemacht, weil ich glaubte, daß ich ihm helfen müßte; aber ich habe auch am Tag gearbeitet, weil ich eine gute Stellung hatte und die nicht verlieren wollte.

Pünktlich erschien Gisela Kreutzmann jeden Morgen im Hamburger Colonnaden-Café und versah ihre Arbeit. Sie war tüchtig. Ihre Kolleginnen erinnern sich noch heute gern an dieses Mädchen, das immer freundlich war und sich nicht anmerken ließ, wie schwer ihr das wurde, wie müde sie war.

Nur einmal versuchte sie, Lauströer zu entkommen. Sie floh nach Wuppertal zu dem Vater ihres Kindes, in der Hoffnung, er werde sie aufnehmen. Aber die Familie wollte nichts mehr von ihr wissen. Es sei kein Geld für Ringe da, wurde ihr gesagt, außerdem müsse der Sohn zur Bundeswehr, an eine Verlobung oder gar an eine Heirat sei nicht zu denken. Und Lauströer ließ nicht locker. Er wußte, was er an dem Mädchen hatte, so leicht ließ er sich seine Beute nicht entgehen. Gisela Kreutzmann resignierte und kehrte zurück nach Hamburg.

Als sie wieder schwanger wurde, diesmal von Lauströer, war die Katastrophe nur noch eine Frage der Zeit. Gisela Kreutzmann unternahm ihren dritten Suicidversuch; aber Lauströer sorgte dafür, daß sie gerettet wurde.

Und als Heinrich Lauströer auch seine Frau, die im Ruhrgebiet geblieben war, nach Hamburg kommen ließ und ihr die Lizenz für eine Kneipe in Hamburg-Wandsbek besorgte, die er ursprünglich Gisela versprochen hatte, spitzten sich die Dinge, vom Frühjahr 1965 an, weiter zu.

*

Ich habe ihm gesagt, er solle die Gaststube seiner Frau überschreiben, damit sie versorgt ist. Als Gisela dies riet, hoffte sie noch immer, Lauströer werde sich eines Tages scheiden lassen und sie heiraten. Aber Lauströer dachte nicht daran.

Annelore Lauströer störte es nicht, daß ihr Mann eine andere hatte. Sie könne den versoffenen Kerl ruhig behalten, sagte sie zu Gisela. Aber es störte Annelore offenbar, daß ihr Mann mit einer anderen ein Kind bekam. Denn als sie davon erfuhr, änderte sich ihr Verhalten Gisela gegenüber schlagartig.

Sie begann, Gisela Kreutzmann zu malträtieren. Sie rief ständig im Colonnaden-Café an und beschimpfte das Mädchen, und sie kam in das Lokal, um sich von Gisela bedienen zu lassen. *Sie nannte mich eine Hure und sagte, sie sei nur gekommen, um zu sehen, wie dick ich schon bin. Und sie sagte auch, daß mein Kind gar nicht von Heinrich sei.*

In der Nacht zum Donnerstag, dem 23. September 1965, morgens gegen halb zwei, starb Annelore Lauströer an den Folgen eines Schusses, den Gisela Kreutzmann kurz nach Mitternacht auf sie abgegeben hatte.

Die Staatsanwaltschaft Hamburg erhob gegen Gisela Kreutzmann Anklage wegen Mordes, begangen im Zustand erheblich verminderter Zurechnungsfähigkeit, und beantragte in der Hauptverhandlung eine Zuchthausstrafe von fünfzehn Jahren. Das Hamburger Schwurgericht verurteilte Gisela Kreutzmann zu acht Jahren Zuchthaus: Es nahm ebenfalls Mord an, gab aber den mildernden Umständen mehr Gewicht als die Anklage und befürwortete eine vorzeitige Begnadigung.

Aber hat Gisela Kreutzmann Annelore Lauströer ermordet? Hat Gisela Kreutzmann diesen Schuß, der Annelore Lauströer unterhalb der rechten Schulter traf und unglücklicherweise die Lungenschlagader verletzte, gezielt abgegeben, in der Absicht, Annelore Lauströer zu töten? Hat Gisela Kreutzmann aus niederen Motiven geschossen?

*

Am Wochenende vor der Tat war Heinrich Lauströer mit seiner Frau nach Verl gefahren und hatte von dort die Pistole mitgebracht, die schon seit längerem in seinem Besitz war, angeblich, um sie zu verkaufen. Er erzählte Gisela von der Pistole und legte sie in das Handschuhfach seines Wagens.

Am Abend des 22. September kam er angetrunken in die Pension, in der er damals mit Gisela abgestiegen war, und bat sie winselnd, ihn zu schlagen, ihn zu bestrafen, ihn mit ihren Strümpfen zu fesseln, und Gisela, die seit ihrer Schwangerschaft seinen Geruch nicht mehr ertragen konnte, die nicht mehr wußte, wie das alles weitergehen sollte, und anfing, endlich den Mann zu hassen, schlug zu an diesem Abend, so fest sie konnte. Sie wollte Heinrich Lauströer nicht befriedigen, sie wollte nur noch schlagen. So fest prügelte sie auf den nackten, gefesselten Lauströer ein, daß sich dieser vor Schmerzen aus dem Bett warf; und dann sagte sie, sie werde jetzt die Pistole holen und schießen. Auf ihn, auf sich selber, sie wollte Schluß machen, sie begriff, daß alles nicht mehr so weitergehen konnte.

Was in den folgenden Minuten geschah, weiß wahrscheinlich nur Heinrich Lauströer genau – Gisela weiß es nur noch ungefähr. Fest steht, daß sie die Pistole aus dem Handschuhfach des Wagens holte und in das Zimmer zurückkehrte. Vor dem Richter sagte sie, daß sie die Pistole auf das Bett geworfen habe; Lauströer habe sie genommen und sie durchgeladen.

Heinrich Lauströer, der in der Verhandlung derart log, daß ihn der Richter schon nach wenigen Minuten aus dem Zeugenstand entließ, behauptet, er habe geschlafen; Gisela habe ihn im Schlaf gefesselt, dann die Pistole geholt und gedroht, sie werde seine Frau erschießen. Vergeblich habe er versucht, Gisela von ihrem Vorhaben abzubringen.

Fest steht, daß Gisela die Pistole wieder an sich nahm, sie in ihre Handtasche steckte, sagte, sie werde in die Gaststätte Annelore Lauströers fahren, das Zimmer verließ und von außen abschloß, in ein Taxi stieg und nach Wandsbek fuhr.

Als sie dort ankam, bat sie den Taxifahrer, auf sie zu warten. Sie versuchte, die Gaststätte zu betreten; das gelang ihr zunächst nicht, weil sie die nach außen gehende Tür nach innen öffnen wollte. Genau in diesem Augenblick legte Frau Lauströer den Telephonhörer auf und lachte: *Mein Mann hat mich angerufen, da kommt eine, die will mich erschießen.* Und als einer der Gäste sagte, da draußen sei sie ja schon, rief sie durch die Tür: *Komm doch herein und erschieß mich!* Einer der Gäste stand auf und öffnete, als Gisela sich bereits wieder zum Gehen gewandt hatte, die Tür. Ein anderer sagte: *Womit will die Puppe denn schießen? Mit ihrer Handtasche etwa?* Und Annelore Lauströer wiederholte höhnend ihre Aufforderung: *Erschieß mich doch!*

Da griff Gisela Kreutzmann, die vielleicht nur mit Annelore Lauströer sprechen, vielleicht ihr nur mit einer Pistole in der Hand nachdrücklich gegenübertreten wollte, in ihre Handtasche, zog die Pistole, richtete sie in die Ecke, in der Frau Lauströer an einem Tisch saß, und schoß.

Der erste Schuß traf Annelore Lauströer tödlich, der zweite fuhr in die Tischplatte vor ihr, der dritte löste sich, als zwei der Gäste Gisela Kreutzmann zu Boden warfen. Sie sei schwanger, sagte sie noch: *Bitte nicht schlagen!* Als wenige Minuten später die Polizei eintraf, ließ sie sich widerstandslos abführen.

Ungefähr zehn Minuten war Gisela Kreutzmann im Taxi unterwegs gewesen. In diesen zehn Minuten hatte Heinrich Lauströer, der nicht mehr an den Händen, sondern nur noch an den Füßen mit Nylonstrümpfen gefesselt war, als Gisela ihn verließ, seine Fesseln gelöst und die Wirtin, die ihm die Zimmertür aufschloß, herbeigerufen; dann war er über die Straße zu einem Telephon gegangen. Weil er es schneller nicht geschafft hat, obwohl es schneller zu schaffen gewesen wäre (so stand zum Beispiel ein Telephon auch in der Pension), geschah es, daß sein Anruf gleichzeitig mit Gisela in Hamburg-Wandsbek eintraf. Und warum gelang es ihm nicht, seine Frau am Telephon nachdrücklich genug zu warnen? Zumal Annelore Lauströer immerhin Grund hatte, eine solche Warnung ernst zu nehmen. Warum hat Heinrich Lauströer die Pistole durchgeladen? Warum log er vor Gericht? Unverschämt und offensichtlich darum bemüht, Gisela Kreutzmann einen Strick zu drehen.

Man wird Heinrich Lauströer eine Beteiligung an der Tat nicht nachweisen können. Daß aber dieser Mann in diesem Prozeß eigentlich neben Gisela Kreutzmann auf die Anklagebank gehört hätte – das spürte jeder, der seinen Auftritt vor dem Richter erlebte. Auch wenn es Gisela Kreutzmann war, die geschossen hat – sie war nur sein Werkzeug, von Anfang an und bis zuletzt, bis zu jener Nacht, in der sie zu der von ihm durchgeladenen Pistole griff.

Vor allem darum wohl gab ihr das Gericht die Chance, die sie verdient, die Chance, in zwei oder drei Jahren ihre Kinder zu sich zu nehmen und zu leben. Und ihrem Leben vielleicht gewachsen zu sein.

Das war kein Amüsement für mich, Herr Richter

Der Prozeß gegen Jürgen Bartsch – Ein beispielloser Fall (I)

Im Bereich des Vorstellungslebens ist der Ansatz jeder Erziehung und Disziplinierung des Gefühlslebens zu finden. Unter diesem Aspekt muß jeder Trieb als prinzipiell beherrschbar gelten, und der Trieb kann niemals für eine Krankheit als etwas Eigengesetzliches und dem Willen absolut Unzugängliches betrachtet werden.
Prof. Dr. Scheid und Dr. Dr. Bresser in ihrem psychiatrischen Gutachten über Jürgen Bartsch

Wer in diesen Tagen den Schwurgerichtssaal des Landgerichts Wuppertal betreten will oder muß, dem fahren Polizistenhände unter die Jacke und die Hosenbeine entlang. Morddrohungen aus der aufgebrachten Wuppertaler Bevölkerung begleiten den Mordprozeß gegen den einundzwanzigjährigen Jürgen Bartsch, der angeklagt ist, zwischen 1962 und 1966 vier Kinder getötet und an einem fünften einen Tötungsversuch unternommen zu haben. Die Jugendstrafkammer des Landgerichts Wuppertal hat einen beispiellosen Fall zu verhandeln.

Seine leiblichen Eltern hat Jürgen Bartsch, der, als er geboren wurde, am 6. November 1946 in Essen, noch Karl-Heinz Sadrozinsky hieß, nicht gekannt. Der Mann, der ihm den ersten Namen gab, kehrte nicht aus Rußland zurück, und sein Vater, ein Arbeiter mit Familie und ohne Geld, mit dem sich Jürgens Mutter eingelassen hatte, als sie zu lange allein gewesen war, war weder willens noch in der Lage, sich um den Jungen zu kümmern. Noch im Jahr seiner Geburt starb Frau Sadrozinsky an Tuberkulose. Vorher schon hatte sie Karl-Heinz einem Waisenhaus überlassen.

Da schien es wie eine glückliche Fügung, daß sich die kinderlosen Metzgersleute Gerhard und Gertrud Bartsch seiner annahmen und ihn später adoptierten. Da hätte es mehrere Familien gegeben, die den kleinen Blondschopf hätten haben wollen, erklärt Gerhard Bartsch. Er sei ihr ganzes Glück gewesen, da sei er ganz schön herumgerannt, um all die Genehmigungen zu bekommen.

Doch der Metzger Gerhard Bartsch war ein fleißiger Mann, der noch in der Nacht aufstand, um sein Geschäft zu versehen, und am späten Abend, wenn er in die Wohnung zurückkehrte, keine Zeit und keine Kraft mehr für die Familie hatte, für die er schuftete.

Ein Jahr nach der Währungsreform bereits konnte Gerhard Bartsch einen eigenen Laden eröffnen. Und in den fünfziger Jahren wurde Gerhard Bartsch ein wohlhabender Metzger, der sich einen zweiten Laden leisten konnte, für Jürgen leisten wollte, von dem Gerhard Bartsch im stillen hoffte, daß er einmal, so mit zwanzig, das Geschäft übernehmen würde. *Wir haben sehr an dem Kleinen gehangen, vielleicht haben wir ihn ein bißchen zuviel gehegt und gepflegt. Mit einem eigenen Kind kann man nicht so ängstlich sein wie mit einem angenommenen, wie wir mit Jürgen waren, vor allem meine Frau.*

Die Schwierigkeiten begannen mit dem zweiten Laden. Gertrud Bartsch mußte ihrem Mann zur Hand gehen, mehr als früher, und obwohl da die Oma war, zu der sie Jürgen bringen konnten, obwohl sie gleich eine Haushaltshilfe einstellten, sahen die Eheleute bald, daß etwas geschehen mußte. Verwandte kamen zu Besuch, die sprachen von einem Heim, das sei doch die beste Lösung, auch für Jürgen, weil es auch mit den Haushaltshilfen schwieriger wurde, als die immer mehr Geld haben wollten und immer häufiger kündigten. So gaben Gerhard und Gertrud Bartsch ihren Adoptivsohn in ein Heim.

Das war ein harter Schlag für den kleinen Jürgen, der nicht von zu Hause wegwollte, weil er sich draußen, auf der Straße, in der Schule, nicht zurechtfand: *Ich war immer allein. In der ersten Klasse war ich so ziemlich der Kleinste, das geht dann automatisch, daß man darunter zu leiden hat. Ich war auch nicht sportlich, das war natürlich auch sehr schlecht. Ich habe mich auch nie getraut, alleine was in der Klasse vorzusingen. Das haben die anderen gemerkt, die haben gemerkt, daß ich schüchtern war. Aber ich habe mich nicht beklagt, das tut man in dem Alter doch nicht.*

Heute macht sich Gerhard Bartsch Vorwürfe, nur sich selber, sonst niemandem – das ganz klar zu sagen, darauf legt er Wert. *Wir haben uns vielleicht zu sehr zu Herzen genommen, was der Oberarzt in der Klinik gesagt hat, aus der wir Jürgen abgeholt haben. Der Oberarzt hat gesagt, wir dürften ihn nie auf die Straße und zu anderen Kindern lassen, Jürgen dürfe nicht von den anderen Kindern erfahren, daß er nur ein Adoptivkind sei. Darum haben wir ihn nie auf die Straße, nie zu anderen Kindern in der Nachbarschaft gelassen. Darum vielleicht hat er dann später so schwer Freunde gefunden, diese Kontaktschwierigkeiten gehabt, damit fing vielleicht alles an, den Fehler sehe ich ein.*

Gerhard Bartschs Stimme poltert, auch wenn er es gar nicht will, was von den Maschinen in der Wurstküche kommt, gegen die er täglich anschreien muß, auch davon, daß er sechs Jahre lang Feldwebel war und sich den Ton von damals nie mehr ganz abgewöhnen konnte. Mit dieser polternden Stimme faßt Gerhard Bartsch die Erfahrung seines Lebens zusammen: *Da kann man sich drehen, da kann man sich wenden, da kann man machen, was man will, etwas hat man dann immer verkehrt gemacht.*

Erste Mord-Gedanken

Als Jürgen zwölf wurde, mußte er in ein anderes Heim umziehen, in ein größeres, das auch ältere Kinder aufnahm. *Das fiel mir wieder sehr schwer. Ich kann mich so schwer umgewöhnen. Das geht mir heute noch so, wenn ich von einer Zelle in eine andere ziehen muß.* Jürgen kam in ein katholisches Internat, das Don-Bosco-Heim der Salesianer in Aulhausen im Rheingau. *Es war sehr militärisch dort. Wir durften alleine nie raus. Spazierengehen durften wir nur klassenweise und in Zweierreihen. Immer hieß es Silentium, das ist Lateinisch und heißt Stillschweigen. Oft wurden wir verprügelt, vor allem wenn wir im Religionsunterricht mal etwas nicht gewußt haben, vor allem ein dicker Katechant, bei dem wir Chorstunde hatten, hat immer viel geprügelt, mit seinem Lineal, irgendwohin, auch auf den Kopf, und ich bekam das immer ab, weil ich in der ersten Reihe stehen mußte, weil ich so klein war.* Die Eltern, die ihn im ersten Heim noch häufig besucht hatten, manchmal Sonntag um Sonntag, kamen nun nur alle vier Wochen, zusätzliche Elternbesuche gestatteten die Patres nicht. Jürgens Leben verdunkelte sich. Vierzig bis fünfzig Betten standen in den Schlafsälen des Don-Bosco-Heimes. Ob es denn da abends und nachts nicht allerlei Allotria gegeben habe, Schweinereien eben, wollte der Richter von Jürgen Bartsch wissen. *Natürlich nicht, da schlief doch eine Aufsichtsperson mit drin, was meinen Sie, was wir für Senge gekriegt hätten.*
Natürlich kam es dennoch zu homosexuellen Kontakten zwischen den Knaben im Don-Bosco-Heim, nicht in den Schlafsälen, aber auf den Toiletten. Und da war der Pater Pütz, der mit Jürgens Klasse einen Ausflug in die Eifel unternahm und Jürgen zu sich ins Bett nahm, als Jürgen krank wurde und aus dem Zelt, in dem er bis dahin geschlafen hatte, in die Bauernstube verlegt werden mußte, in der auch der Pater schlief. Die Poliomyelitis,

an der Jürgen erkrankt war, verlief abortiv, nicht seine erwachende Neigung zur Pädophilie. Jürgens Leben wurde kompliziert.

Er verliebte sich. Detlev war der erste Freund, den er fand: *Er war nach mir gekommen und stand immer in der Ecke rum und hatte Heimweh, da hatte ich Mitleid. Detlev war sehr anständig vom Charakter her, das merkte ich, er war auch äußerlich sehr nett und größer, ich war damals immer noch sehr klein. Ich war eifersüchtig, wenn Detlev mit anderen spielte, da wurde ich ärgerlich. Heute weiß ich, daß das nicht richtig war, aber ich hatte ja niemanden.*

Weil er in Detlev verliebt war, versuchte er nicht, sich Detlev sexuell zu nähern. Das wollte er heraushalten, nichts sollte die Freundschaft belasten. Für Jürgen war das, wozu es ihn nun immer häufiger, immer unwiderstehlicher trieb, von Anfang an nicht richtig, etwas, was man aus einer richtigen Freundschaft heraushalten mußte, eben eine Schweinerei, das hatte man ihm gesagt, das sagt man ihm heute noch. Als Detlev ihm erzählt, ein älterer Angestellter des Heimes habe ihn angefaßt, geht Jürgen Bartsch hin und meldet den Vorfall dem Klassenlehrer.

Im Herbst 1960, die Eltern waren von Essen nach Langenberg umgezogen, in ein eigenes Haus, überfiel Jürgen plötzlich ein ihm unerklärliches Heimweh: *Nie hatte ich das gehabt. Auf einmal war es da.* Er riß aus. Vier Wochen lang behielten ihn die Eltern zu Hause, Gerhard Bartsch hatte die Salesianer um einen Sonderurlaub für seinen Sohn gebeten. *Das war gut gemeint von meinen Eltern, aber doch das Falsche, weil es hinterher ganz aus war, da konnte ich mich nicht mehr eingewöhnen.* Schon einen Tag nach seiner Rückkehr nach Aulhausen riß Jürgen aufs neue aus, diesmal zusammen mit Detlev.

Am Abend des zweiten Tages endete der Ausbruchsversuch in einer Polizeizelle. Vielleicht waren es diese beiden Tage, die Jürgens Leben eine für ihn und vier Kinder verhängnisvolle Wende gaben, denn während dieser Flucht irgendwohin versucht er zum erstenmal, sich Detlev zu nähern, in der Baubude, in der sie zusammen schlafen, in der Polizeizelle, in die man sie sperrte, zum erstenmal versucht er, von einem Freund auch das andere zu erlangen, doch Detlev, der sonst so unzugänglich nicht war, was Jürgen damals aber nicht wußte, dreht sich ab, legt sich auf den Bauch, schläft ein, in der Baubude und auch in der Polizeizelle. Und am ersten Tage der Flucht erfährt Jürgen zum erstenmal den Gedanken zu töten:

Es war auf dem Bahndamm. Ich ging hinter Detlev, und als uns dann der Zug entgegenkam, dachte ich, das ging blitzschnell, und ich habe mich sehr erschrocken, wenn ich ihn jetzt schubse, dann wehrt er sich nicht mehr.

Jürgen stieß zu, doch Detlev stolperte glücklich und konnte sich zur Seite fallen lassen. *Er hat mich gleich gefragt, ob ich ihn hätte unter den Zug stoßen wollen, aber das habe ich natürlich abgestritten, das konnte ich doch nicht zugeben. Es tat mir auch sehr leid, und ich habe mich sehr geschämt.*

Jürgen kehrte nicht mehr in das Don-Bosco-Heim zurück. Gerhard Bartsch, der sich zornig in seinen Wagen gesetzt hatte, um Jürgen abzuholen, der Jürgen eine *ordentliche Abreibung* verpassen wollte, wurde weich, als er Jürgen sah, erhob seine Hand nicht und fuhr Jürgen nach Hause. Die letzten Volksschulmonate, die Jürgen noch zu absolvieren hatte, verbrachte er in einer offenen Volksschule in Langenberg.

Aber wiederum gelang es Jürgen nicht, Freunde in seiner Klasse zu finden. *Ich konnte nur jüngeren Jungen imponieren.* Die fand er in der Siedlung, in der seine Eltern wohnten. Ihnen imponierte er mit seinem Fahrrad, mit seinem gut ausgestatteten Zimmer, in das er sie einlud. Die Katastrophe war nur noch eine Frage der Zeit.

An Detlevs Stelle trat Volker. Auch aus dieser Freundschaft will Jürgen das andere heraushalten. Erst als er merkt, nach Jahren, daß Volkers Anhänglichkeit nicht ohne Berechnung ist, mit den Ausflügen in die Stadt zu tun hat, die Jürgen spendiert, mit dem Tonbandgerät in seiner Bude, läßt Jürgen sich gehen, treibt er mit Volker auch das andere, beginnt er, Volker nicht mehr pauschal, sondern nach Leistung zu bezahlen: *Ich war sehr enttäuscht, und da dachte ich, nun kommt es nicht mehr darauf an.* Die Verbindung hielt bis zu dem Tage, an dem Jürgen verhaftet wurde, aber sie hielt ihn nicht und hielt ihn von nichts ab.

In der Metzgerlehre

Was er werden wollte, nach der Schule, wußte Jürgen nicht. Daß er eine Metzgerlehre anfing, war eine Verlegenheitslösung, zu der ihn sein Vater nicht gedrängt hatte. Darauf ist Gerhard Bartsch noch heute stolz: *Ich hätte Jürgen auch studieren lassen. Ich habe ihn auf die Mittelschule schicken wollen oder auf eine kaufmännische Schule. Aber der Jürgen sagte ja nichts, da blieb nur die letzte Wahl, da habe ich zu ihm gesagt, dann wirst du eben Metzger.*
Jürgen stand gern im Laden, aber der Schlachthof, alles was hinten passierte, stieß ihn ab: *Das war mir alles sehr unsympathisch, das Gequieke, aber ich habe eingesehen, daß das sein muß, und ich habe mich daran gewöhnt, aber richtig begeistert, richtig dafür war ich nie.* Dem Metzgermeister Bartsch blieb nicht verborgen, daß der Metzgerlehrling Bartsch nicht *mit dem Herzen bei der Sache war: Zum Metzger muß man geboren sein, daß der Junge kein hundertprozentiger Metzger werden würde, habe ich gleich gemerkt. Er hat Angst gehabt, ans Vieh zu gehen. Mit Mühe und Not habe ich ihn drangekriegt, das für die Gesellenprüfung zu machen, das Stechen zu lernen. Die Menschen, die man haben möchte, die gibts nicht.*
Zunächst trat Gerhard Bartsch, weil das so Brauch und es nicht gut ist, die Gesellen mit einem Lehrling zusammenzustecken,

der der Sohn ist, Jürgen an einen Metzgermeister-Kollegen ab. Wohl war ihm dabei allerdings nicht. *Wissen Sie, erklärt der Metzger dem Richter von Mann zu Mann, von Vater zu Vater, da gibt es dieses Gesetz, das einem Meister verbietet, die Lehrlinge ordentlich ranzunehmen. Vierzig Stunden in der Woche darf man sie heutzutage nur noch arbeiten lassen, die Jungen, ich sehe das für verkehrt an. Wenn es um sechs Uhr in der Früh losgeht, dann haben die mittags um drei schon Schluß. Was macht so ein Junge von drei bis neun Uhr abends? Das kann nicht gut sein. Erst legen sie sich hin und schlafen, und dann sind sie abends um sieben oder acht, wenn wir Schluß machen, wenn wir müde sind, hellwach und kommen auf dumme Gedanken. Und dann darf man ihnen noch nicht einmal eine ordentliche Tracht Prügel verpassen.*

Der Metzgermeister-Kollege war mit Jürgen nicht recht zufrieden; und Jürgen, der bei ihm auch wohnte, arbeitete zwar lieber in dem fremden Geschäft als in dem seines Vaters, weil er wußte, was ihn da erwartete, aber doch nicht gern. Nichts Ernstes passierte, aber es gab Ärger. Da blieb Jürgen einmal abends bis nach zehn Uhr weg, weil er sich einen Film anschauen wollte. Als er sich auf sein Zimmer schleichen will, steht der Meister da und staucht ihn zusammen. Da kam Jürgen am nächsten Morgen nicht zur Arbeit, sondern riß nach Hause aus. *Ich habe mich sehr geschämt. Ich habe Angst gehabt, daß der Meister das den Gesellen erzählen würde und daß die Gesellen dann mich auslachen würden, das wollte ich nicht.*

Diese Sache renkte die Mutter am Telephon wieder ein, und sie schickte Jürgen zurück. Kurze Zeit später schüttete ein Geselle Jürgen aus Versehen einen Eimer kochendheiße Brühe über das Bein. Da muß Jürgen für ein paar Tage nach Hause ins Bett, und das verdrießt den Meister, denn er hat Personalsorgen. Die aber hat Gerhard Bartsch auch, und so will der Vater zwei Fliegen mit einer Klappe schlagen und greift zu, auch wenn es gegen das Prinzip ist, und steckt den Sohn ins eigene Geschäft: *Ich hatte*

Angst, daß mir der Junge bei dem Kollegen verkommen würde,
weil er da so viel Zeit hatte. Ich konnte den Jürgen viel besser in
die Mangel nehmen, sechzig Stunden in der Woche, das ist nicht
zu scharf für einen Sechzehnjährigen, da war ich ruhiger, das
konnte ich mit Jürgen machen, er war ja kein Fremder, sondern
mein Sohn.

Das war Ende Juli 1961. *Bei meinem Vater habe ich es in jeder*
Hinsicht schlechter gehabt, da habe ich überhaupt keine Freizeit
mehr gehabt, sagt Jürgen, den jähe Veränderungen in seinem Leben noch immer verstörten. Diese, die er nicht mehr hinnahm,
brachte ihn auf die Idee, daß er sich heimlich verschaffen könne,
was ihm vorenthalten wurde. Zu dauernden Heimlichkeiten ohnehin schon gezwungen, beginnt er nun, sich weitere zu leisten.
Mehr und mehr wird sein heimliches Leben sein eigentliches,
ein Leben, von dem niemand in seiner Umgebung etwas ahnt.
Bald fand er eine Lücke in dem ihm zugedachten lückenlosen Ta-
gesablauf, die Busfahrt von Essen nach Langenberg, vom Geschäft des Vaters, in dem er arbeitete, zur Wohnung der Eltern.
Statt in den Bus, in den er steigen sollte, wenn der Vater ihn am
späten Nachmittag entließ, den zu nehmen ihn an jedem Ar-
beitstag zwei Stunden kostete, stieg er nun in Taxis, die er um
die Ecke auf sich warten ließ und die den jugendlichen Dauer-
kunden zum Vorzugspreis von zwanzig Mark, wenn es eilte,
in zwanzig Minuten, nach Langenberg fuhren. Um sie bezahlen
zu können, mußte er stehlen, und er bestahl seinen Vater. Er bil-
dete sich zu einem Virtuosen an der Ladenkasse aus.

Griff in die Kasse

Ein sinnloser Schlachthofdiebstahl, eine Mutprobe, zu der ihn
ein Geselle seines Vaters angestachelt hatte, war noch kläglich
schiefgegangen, keine drei Meter weit war er mit den gestohlenen

Innereien gekommen. Und auch sein erster Griff in die väterliche Ladenkasse brachte ihm nichts ein. Die zwanzig Mark, von denen er sich eine Schreckschußpistole kaufen wollte, fand sein Vater noch am gleichen Tag zu Hause unter der Fußmatte.

Eine dritte Panne aber wußte Jürgen zu vermeiden. Ein Zufall ließ ihn einen geringfügigen, von keinem anderen bemerkten Defekt in der Registratur der Kasse entdecken, sein geduldiges Training in dem Magischen Zirkel, dem er beigetreten war, besorgte den Rest. Nach Belieben konnte er die Registratur der im Ladenverkauf eingehenden Summen manipulieren, und mühelos gelang es ihm, Scheine aus der Kasse in seine Taschen zu zaubern, auch unter den Augen der Verkäuferinnen.

Zunächst waren es kleine Beträge, die er entwendete. Mit der Zeit jedoch und in dem Maße, in dem die Kosten für sein heimliches Leben stiegen, entnahm er immer regelmäßiger auch größere Summen. Am Ende steckte er rund zehn Prozent der Bruttoeinnahmen ein, im Laufe der Jahre rund fünfundzwanzigtausend Mark. Fast täglich mietete er sich nun Taxis, sie verschlangen das meiste Geld. Einen kleineren Teil der zehn Prozent investierte er in Aufmerksamkeiten für die Jungen in der Siedlung, denen er imponieren wollte, und mit jeweils fünf Mark und gelegentlichen Dreingaben erkaufte er sich das Schweigen eines Gesellen, mit dem er eine kontinuierliche sexuelle Beziehung unterhielt, im väterlichen Pökelkeller.

Gerhard Bartsch wunderte sich, daß trotz seines Fleißes das Geschäft zu stagnieren begann und seine Bankschulden eine ungewohnte und beunruhigende Höhe erreichten. Er ahnte, daß ihn jemand bestahl. Daß Jürgen ihn bestahl, sein Junge, ahnte er nicht. Sein Verdacht richtete sich gegen seine Frau. Aber er wagte es nicht, sie offen zur Rede zu stellen, er polterte nur und sprach viel häufiger als früher und in immer gereizterem Tone von Geld, von Geld, das am Ende der Woche nicht da war und an allen Ecken fehlte, von Verschwendung und notwendiger

Sparsamkeit, von sinkenden Einnahmen und dem möglichen Ruin. Und aus dem Poltern wurden brummige Vorwürfe, böse Vorwürfe, die sich verstellten, aus den Vorwürfen entstanden Zank und Verbitterung auf beiden Seiten, die Ehe der Metzgersleute geriet in eine Krise. Gertrud und Gerhard Bartsch ahnten nicht, daß Jürgen den Grund dieser Krise gelegt hatte. Daß Jürgen, der nun den ewigen Zank um dies und jenes erlebte und dessen Folgen zu spüren bekam, unter ihr litt, sahen sie nicht.

Gertrud Bartsch ist der überlegene Partner in der bis dahin und heute, so gut es nach allem noch geht, trotz der Verbitterung, die geblieben, dem Schatten, mit dem sie nun gezeichnet ist, wieder glücklichen Ehe. Den so unverhohlenen wie unausgesprochenen Verdacht ihres Mannes parierte Gertrud Bartsch mit so wortreichen wie hysterischen Verdächtigungen, die eine Frau zum Anlaß nahmen, die schon seit Jahren nichts weiter als eine treue Angestellte des Metzgermeisters war. Gertrud Bartsch rechnete nicht mehr nur Jürgen vor, zu welcher Zeit er zu Hause zu sein habe, sondern nun auch ihrem Mann, der nach wie vor bis tief in die Abende arbeitete, und sie rechnete nicht nach Stunden, sondern nach Minuten und zählte ihre Toleranz an den Fingern einer Hand ab.

Das Familienleben der Bartschs, das von Anfang an, zumindest seit der Währungsreform, seit Gerhard Bartsch sich entschlossen hatte, die Chance der einsetzenden Prosperität zu nutzen, Belastungen ausgesetzt war, an denen manche andere Ehe gescheitert wäre, wurde für Gertrud und Gerhard Bartsch zu einer Last, an der sogar diese Ehe zu scheitern drohte. Und für Jürgen zu einer Pression, der er sich auf mörderische Weise entzog.

Allen Ernstes suchte Gertrud Bartsch einen Anwalt auf und zog Erkundigungen über die Modalitäten eines Scheidungsverfahrens ein, sei es, weil sie diese für sie sicherlich ungeheuerliche Lösung bereits glaubte wählen zu müssen, sei es, weil sie im

Büro des Anwalts, in der verbrieften Bestätigung, daß eine Scheidung auch unter katholischen Metzgersleuten zu arrangieren sei, wenigstens einen Bruchteil ihrer verlorengegangenen Ruhe wiederzufinden hoffte.

Aber auch der Druck dieser Krise konnte die drei Menschen, die in sie und in ihre Gewohnheiten verstrickt waren, nicht mehr ändern, nicht mehr vom Zwang dieser Gewohnheiten befreien. Gerhard Bartsch trachtete weiter danach, seinen Besitz, wenn nicht aufzustocken, so doch zu festigen, und arbeitete verbissen gegen das unaufgeklärte Defizit in seiner Essener Ladenkasse an. Gertrud Bartsch schwang weiterhin die Geißel ihrer vom Ruhrgebietsstaub und dem von ihrem Mann Tag um Tag, Jahr um Jahr in die Wohnung eingeschleppten Wurstküchendunst gereizten Putzwut über Vater und Sohn. Bis zum Tage seiner Verhaftung hatte Jürgen unter ihrer Aufsicht und ihrer Bürste zu baden, sich unter ihrer Aufsicht im Schlafzimmer der Eltern morgens anzukleiden und abends seine Kleider abzulegen. Und Jürgen Bartsch trieb es in immer kürzeren Abständen in die Dörfer und Städte jenes tristen industriellen Siedlungsgebietes zwischen Essen, Köln und Wuppertal, in dem er seine Opfer suchte und fand.

Sein Leben – abgestimmt auf die Uhr der Mutter

Ein beispielloser Fall –
Der Prozeß gegen Jürgen Bartsch (II)

*Bei sachlicher Situationsbetrachtung stellen aber viele von den
Tiefenpsychologen herausgearbeitete dynamische Milieubedingungen
keine ernsthaften Konfliktsituationen, sondern alltäglich
vorkommende Gegebenheiten dar… auch wenn heute durch eine
kritiklose Anwendung des Neurosebegriffes alles getan wird,
um die Grenze gänzlich zu verwischen… in unserer Zeit eine starke
Tendenz besteht, die erzieherisch ungünstigen Milieueinflüsse und
die tatgestaltenden äußeren Umstände zu überbewerten.*
Privatdozent Dr. Dr. Bresser, Sachverständiger im Bartsch-Prozeß,
in seiner 1965 erschienenen Habilitationsschrift »Grundlagen
und Grenzen der Begutachtung jugendlicher Rechtsbrecher«

Früher, vor dem 21. Juni 1966, dem Tag, an dem sein noch nicht
zwanzigjähriger Adoptivsohn Jürgen unter dem Verdacht des vier-
fachen Mordes von der Wuppertaler Kriminalpolizei aus dem
Bett geholt und verhaftet wurde, war das Leben für den Metzgermeister Gerhard Bartsch eine zwar harte, aber klare, von klaren Notwendigkeiten beherrschte Sache gewesen, die aus zwei
Metzgerläden, zwei Kraftfahrzeugen, einer Frau, einem Sohn und
einem eigenen Haus bestand.
Heute will dem Metzgermeister Gerhard Bartsch *manches nicht
mehr in den Kopf rein.* Früher, da packte er Widrigkeiten an und
stand sie durch, ohne viel zu fragen, und machte sich nichts daraus, wenn seine Kollegen auf dem Schlachthof ihn den *dummen
und dösigen Metzger aus Langenberg* nannten.
Heute stellt Gerhard Bartsch Fragen, die er früher nicht gestellt

hätte. Ob denn niemand ihm das, was da geschehen sei, was er einfach nicht begreife, erklären könne. Ihm habe noch keiner die Wahrheit gesagt, bis heute noch nicht, wandte er sich an das Gericht, das ein Urteil über seinen Sohn zu fällen hatte.

Was ihm zustieß, hat ihn verändert. Die Frage des Richters, wie das damals gewesen sei, bei dem Innereiendiebstahl, wessen Idee das gewesen sei, die Jürgens oder die des anderen Lehrlings, beantwortete Gerhard Bartsch ohne Zorn, mit einem Gefühl für gerechte Worte, das ihm neu ist, wenn auch noch immer in einem barschen Ton, der verrät, daß er zumindest von dem Versuch nicht ablassen kann, das Leben weiterhin, trotz allem noch, zu einer klaren Sache zurechtzubiegen.

Ich will keinen Menschen mehr in meinem Leben verurteilen. Ich will auch den Lehrling, den Manfred, nicht verurteilen. Ich kann niemand mehr verurteilen. Aber das ist doch klar, Herr Richter, daß das der Manfred war, der meinen Jungen angestiftet hat. Der war doch älter. Da brauchen Sie bloß zu denken, wie der aufgewachsen ist, was für eine Jugend der hatte. Und ohne zu zögern, fügte Gerhard Bartsch hinzu: *Das ist doch klar. Dem Manfred sein Vater war doch nur ein Kopfmetzger.*

Der so redet, ist zwar noch immer der rechtschaffene Metzgermeister Gerhard Bartsch, der seine Pflicht getan, der es zu etwas gebracht, seinen Mann gestanden hat, dem niemand etwas nachsagen kann, aber da sprach auch ein Mann, an dessen einst unerschütterlicher Lebenszuversicht nun Zweifel zehren, der erfahren mußte, daß noch nicht in Sicherheit ist, wer sich und seiner Familie ein sicheres Auskommen verschafft hat, ein um seine Ruhe gebrachter Mann, der zu grübeln begonnen hat und nicht versteht, warum sein Jürgen nicht wenigstens so geworden ist wie des Kopfmetzgers Manfred.

Wie dieser Manfred, der im Zeugenstand beteuerte, er sei anständig und ein Metzger durch und durch, sich dann aber alle Mühe gab, Jürgen Bartsch die Geschichte von damals, seine Entlassung,

die ihr gefolgt war, heimzuzahlen, der vor dem Richter drauflos-
log und Jürgen Bartsch in die Schuhe schob, was er konnte: *Ich
hab' dem Jürgen nie wohin gegriffen, das ist 'ne Sauerei, daß der
mich dafür bezeichnet, da werde ich mir Schritte vorbehalten. Ich
hab' ihn erwischt, weil die Gewürzwaage neben dem Klo stand
und man da reinsehen konnte. Ich hab' ihn auch erwischt, wie
er den Schäferhund verseift hat. Der Jürgen hat gestohlen die Le-
bern. Ich bin nach dem Gesellen gegangen und habe das gemeldet,
daß der Jürgen das Geschlinge auf dem Wagen hatte. Das war auch
der Jürgen, der den Schweinen in dem Gang, in dem es eng wird,
wo man die mal mit was Schlagbarem weitertreiben muß, mit
dem Messer in die Schinken gestochen hat, daß die Schinken hinterher versaut waren.*

Gerhard und Gertrud Bartsch haben die Katastrophe nicht
kommen sehen. Sie konnten sie nicht kommen sehen. Das festge-
fügte Alltagsritual, das Gerhard und Gertrud Bartsch und Karl-
Heinz Sadrozinsky, den sie Jürgen riefen, dem sie ihren Namen
gegeben, den sie nach besten Kräften aufgezogen hatten, zusam-
menbannte, geriet auch durch die Krise in der Ehe der Metzgersleute nicht ins Wanken und schien stabil genug, um alles Unheil
abzuwenden.

Bis zuletzt hat sich Jürgen Bartsch peinlich genau an den Zeitplan gehalten, den die Läden in Essen und Langenberg und die
Mutter der Familie diktierten. Sorgfältig stimmte er sein heimliches Leben auf die Uhr seiner Mutter ab. Die Uhr der Mutter
bemaß auch die Minuten, die er sich zum Töten nahm.

Gerhard und Gertrud Bartsch konnten die Katastrophe nicht
kommen sehen, weil Jürgen über ihre ersten Anzeichen mit seinen Eltern nicht sprach, nicht zu sprechen wagte, nicht sprechen
konnte. Niemand hatte ihn die Sprache, in der er über sein Unglück hätte sprechen können, gelehrt.

Da war auch ein Mädchen

Jeden Morgen fuhr Gerhard Bartsch mit seinem Sohn in seinem Peugeot von Langenberg nach Essen. Nie fiel dabei zwischen Vater und Sohn auch nur ein einziges Wort. Es war diese halbe Stunde die feste und unverletzliche Radiohalbestunde des Vaters. Und der Sonnabendabend war ebenso strikt dem Fernsehapparat gewidmet, der im Schlafzimmer der Eltern stand, damit der von der Wochenmühe erschöpfte Vater einschlafen konnte, bevor der Butler seinem Master Kulenkampff den Mantel reichte. An diesen Abenden lag Jürgen im Bett seiner Eltern in ihrer Mitte. Doch später an solchen Abenden stahl er sich dann aus dem Haus in seine Höhle. Gerhard und Gertrud Bartsch entdeckten nicht, was die Polizei eines Tages entdecken mußte, aber erst entdecken konnte, als Jürgen Bartsch nicht mehr zu helfen war.

Ich habe mir nichts dabei gedacht, daß der Jürgen so still war. Ich hätte mir was denken sollen, aber wer denkt denn an so etwas. Ich habe immer nur gedacht, die Kinder, wenn die in den Beruf kommen, dann hängen sie mehr am Vater, daß sich das dann ändern würde, daß der Jürgen dann mal was sagen würde, daran habe ich immer geglaubt.

Gerhard Bartsch glaubte und hoffte bis zum 21. Juni 1966. Heute treibt ihn nur noch die Hoffnung um, daß ihm einer erklärt, was geschehen ist, was er noch tun kann. Was er selber glaubt noch tun zu können, versucht er. Er macht es sich nicht mehr einfach. Auf den naheliegenden Gedanken, sich von Jürgen, dem verlorenen Adoptivsohn loszusagen, kam er nicht, obwohl er spürte, daß die Leute genau das von ihm, dem *dummen und dösigen Metzger*, erwarteten. Obwohl er nur zu hören bekam, dem *Kirmesmörder*, dem müsse *die Rübe runter*, machte sich Gerhard Bartsch andere Gedanken und gab den Sohn nicht auf.

Heute, nach allem, kann ich mit Jürgen sprechen. Ich besuche ihn, sooft ich kann. Heute, trotz allem, liebe ich den Jungen eigentlich erst richtig.

Schon sehr früh in seinem Leben begriff Jürgen Bartsch, daß er anders war als die anderen Jungen in seiner Klasse. *Wenn ich zur Schule ging, schlug mir das Herz bis zum Hals, wenn mich jemand ansprach, bin ich erschrocken. Ein Junge in meiner Klasse, wenn ich den heimlich von der Seite ansah, bekam ich ein ganz dämliches Gefühl in der Magengrube. Auf dem Nachhauseweg bin ich dem Jungen heimlich hinterhergegangen.*

Aber es gab auch ein Mädchen in seiner Klasse, in das er sich verliebte. *Da hatte ich das gleiche dämliche Gefühl.* Weder dem Jungen noch dem Mädchen wagt Jürgen seine Freundschaft anzutragen. *Ich war wieder zu schüchtern.* Und weder der Junge noch das Mädchen kamen auf die Idee, den sonderbaren, in sich verschlossenen Metzgerjungen zum Freund zu nehmen.

Dieser Zuneigung zu einem Mädchen war dann auch kein glückliches Ende beschieden. Es war ausgerechnet dieses Mädchen, das ihn eines Tages verpetzte und seinen Namen an die Tafel schrieb. *Da brach für mich eine Welt zusammen.*

Jahre später, als Jürgen bereits unter seinen Trieben zu leiden begann, als ihn die Vorstellung quälte und mit Angst erfüllte, daß er nie mehr werden könne wie die anderen, als er bereits ahnte, wozu es ihn noch treiben würde, wandte sich Jürgen noch einmal einem Mädchen zu, einem Mädchen aus der Nachbarschaft, in das er nicht verliebt war, von dem er lediglich hoffte, es könne ihn von seiner ihm immer unheimlicher werdenden Neigung heilen. *Ich wollte mich umkrempeln.* Er holte das Mädchen von der Arbeit ab und lud es zu Spaziergängen ein. Er zwang sich dazu, Heide zu küssen, und als seine Eltern ihm eine Party arrangierten, weil sie annahmen, es sei die Zeit dafür gekommen, tanzte er mit ihr. Schließlich wagte er den letzten Schritt und bat das Mädchen, mit ihm zu schlafen. *Davon wollte Heide aber nichts wissen, das schlug sie mir ab.* Ein zweites Mal fragte er sie nicht.

In seiner Panik, daß er sich kurieren müsse, ehe es zu spät sei, verfiel er nach diesem Mißerfolg auf immer absurdere, immer untauglichere Umkrempelungsversuche. Bei einem Jungen aus der Siedlung, der zeichnen konnte, bestellte er sich Bilder von nackten Mädchen, bei denen *die Weiblichkeit besonders betont* sein sollte, auch ein farbiges sollte dazwischen sein. Als sie ihm nicht halfen, verbrannte er sie.

Seine letzten Versuche, sich zu fangen, fanden in der Stahlstraße in Essen statt. Das war eine Roßkur, aber natürlich eine aussichtslose. *Die Frauen dort stießen mich ab.* Er zahlte dennoch und stieg dennoch mit einer aufs Zimmer. *Als ich reinkam, waren alle meine guten Vorsätze dahin.* Es ging nicht. Sie wisse ein Lokal für ihn, den Löschzug, da solle er sich mal umsehen, riet ihm das Mädchen, das wenigstens eine Auskunft erteilen wollte fürs Geld. Und sie wunderte sich über den Jungen, der ihr sagte, das sei verkehrt für ihn, mit Männern, das sei es auch nicht. Jürgen Bartsch gab nicht auf und kaufte sich an einem anderen Tag noch eine andere, eine, die jünger aussah und ganz dünn war, fast wie ein Kind. Aber als es mit diesem Mädchen dann endlich einmal klappte, so ungefähr, war er nicht von seiner Neigung kuriert, sondern nur von den Frauen, diesmal endgültig. Jürgen Bartsch zog sich in seine Höhle zurück.

Stets mußte er zahlen

Seinen Freund Detlev, der größer war, mit dem er aus Aulhausen ausgerissen war, wollte er unter den Zug stoßen, weil er dachte, daß Detlev sich dann nicht mehr wehren könne. Den Metzgerlehrling, der ihm wochentags im Pökelkeller zu Willen war, bezahlte er. Auch seinen Freund Volker, den er sich neben der Höhle noch hielt, bezahlte er. Jürgen Bartsch konnte sich nicht vorstellen, daß einer ihm freiwillig geben würde, was er suchte, von Anfang an nicht und später immer weniger. Nur ihm zuliebe, das setzte sich in ihm fest, tat es keiner. Er gewöhnte sich daran, daß er zu bestechen hatte, wen er haben wollte. Und seit jenem Augenblick auf dem Bahndamm verfolgte ihn die Vorstellung, daß alles gut für ihn sei, wenn einer sich nicht mehr wehren könne.

Der Lehrling, der sich nicht wehrte, weil Jürgen Bartsch ihn bezahlte, spielte ihm gegen Bezahlung auch den Ohnmächtigen vor. Aber diese erkaufte Wehrlosigkeit verstärkte Jürgen Bartschs Hunger nur, stillen konnte sie ihn nicht. *Das war mir nicht unangenehm, das war aber nie richtig. Ich fing an, an andere Sachen zu denken.*

Er dachte an die Kinder in der Siedlung, an die kleinen Jungen, mit denen er verkehrte, die alle erheblich jünger waren als er und bei denen er sich darum etwas traute, denen er hatte imponieren können und die ihm darum auf sein Zimmer gefolgt waren und sich dort mit ihm herumgebalgt hatten, die er dabei auch schon angefaßt hatte und die dennoch wiedergekommen waren. Und er dachte an die Höhle, die er unweit der Wohnung seiner Eltern entdeckt hatte – einen fast fünfzig Meter langen, verfallenen Kriegsbunker, den niemand betrat, weil sein Eingang hinter dem Langenberger Müll verborgen lag. Da gebe es alte Waffen aus dem Krieg und Munition, erzählte er den Kindern, die sich das nicht zweimal sagen ließen.

Fünfmal zögerte Jürgen Bartsch. Noch schreckte er davor zurück, auch auszuführen, was er sich immer erregter vorstellte. Fünf Kinder aus Langenberg kamen glimpflich davon und ahnten nicht, daß es manchmal nur Winzigkeiten waren, die ihnen das Leben retteten. Erst den sechsten Jungen, den die Neugier in die Höhle gelockt hatte, fiel Jürgen Bartsch entschlossen an. Aber auch dieser Junge konnte sich noch retten und nackt zum Ausgang der Höhle entkommen. Dort holte Jürgen Bartsch ihn ein, aber da war die Gefahr schon vorüber. Jürgen gab Frank die

Kleider zurück und versprach ihm eine Schreckschußpistole, dafür solle er keinem Menschen etwas sagen.

Daß Frank Beck sich retten konnte, hätte auch Jürgen Bartsch retten können, denn das verstörte Kind erzählte seinen Eltern sofort, was passiert war, auch sahen sie es, die zerrissenen Kleider, die Spuren der Schläge, die Schrammen. Empört lief die Mutter Beck zur Mutter Bartsch, und der Vater Beck ließ sich von der Mutter Bartsch nicht beschwichtigen, sondern brachte den Vorfall zur Anzeige. Die Sache wurde untersucht, aber dann als Bagatelle vergessen. Daß ein Junge einen anderen Jungen verhaue, auch mal ausziehe, auch mal anfasse, das gebe es schon mal, das sei kein Grund, einen Riesenwirbel anzuzetteln, beruhigte der Staatsanwalt, dem die Anzeige auf den Tisch kam, die Eltern Beck und die Eltern Bartsch, was richtig war, weil niemand damals auch nur vermuten konnte, wie falsch es war.

Neun Monate später, am 31. März 1962, tötete das fünfzehnjährige Kind Jürgen Bartsch das achtjährige Kind Klaus Jung aus Essen.

Daß der Vater Beck sich empörte und den Nachbarsjungen anzeigte, hatte endgültig die vielleicht noch rechtzeitige Entdeckung der Katastrophe verhindert, die sich vor aller Augen angebahnt hatte und nun an diesem 31. März begann. Denn nach der Geschichte mit Frank wurde Jürgen Bartsch vorsichtig. Er sah, daß er eine weitere Aufregung wie im Falle Beck unbedingt vermeiden mußte, daß er sich an keinem Jungen aus der Nachbarschaft mehr vergreifen durfte. Er lernte noch als Kind, seinen Verstand zu gebrauchen, um seinen Trieb zu verteidigen, gegen den er sich selber immer weniger zu verteidigen vermochte.

Er spürte, daß es ihn in eine Einsamkeit sog, in der er gejagt werden würde, und unter diesem Druck entwickelte er eine für sein Alter erstaunliche Intelligenz, wenn das Intelligenz ist, was ihm nur half, sich zu tarnen, aber nicht, sich zu schützen. Wenn das ein Plan ist, dann faßte Jürgen Bartsch irgendwann in dieser Zeit den Plan, ein fremdes Kind in seine Höhle zu verschleppen, um seinen Vorsatz auszuführen, wenn das ein Vorsatz ist.

Die Suche, die zu einer Sucht wird, beginnt ungefähr im November 1961, freitags nach der Berufsschule, vor allem in Essen. *Ich habe nach kleinen Jungen gesucht, die sollten zwischen acht und dreizehn sein, weil das Kinder waren, dicke oder rothaarige Jungen sollten es nicht sein. Das Alter hatte viel mit dem Körper der Kinder zu tun, ihrer weichen Haut, die sich besonders schön anfühlte.* Es dauerte Wochen, bis Jürgen Bartsch es zum erstenmal wagte, ein Kind anzusprechen, noch wußte er nicht, wie er es anstellen sollte.

Das Kind wollte nicht mit. Da zog Jürgen Bartsch seine schwere Schreckschußpistole aus der Tasche, die er damals ständig mit sich herumtrug. *Wenn du nicht mitkommst, dann schieße ich dich tot!* Da ging das Kind mit und stieg mit Jürgen in den Bus nach Langenberg und saß da mit Jürgen fast zwei Stunden, der immer noch seine Pistole verborgen in der Hand hatte und um keinen Preis aufgeben wollte. *Bis in die Höhle bin ich mit dem Kind gekommen, ich war so erregt, da wurde mir plötzlich ganz schlecht, vielleicht wegen der Anspannung, wegen der Angst im Bus die ganze lange Zeit über, in der Höhle, da konnte ich nicht mehr, da hab' ich dem Kind 'ne Mark gegeben und ihm gesagt, es soll ganz schnell heim, ich bin auch weggelaufen, so schnell ich konnte.*

Am 31. März 1962 lief Jürgen Bartsch nicht mehr weg. Da hatte er nur noch Angst, daß Klaus Jung weglaufen könnte, da hielt er die Pistole nicht mehr nur hin, da schlug er mit der Pistole zu. *Obwohl es das gar nicht war, was ich eigentlich wollte, aber ich habe mir das nicht überlegt, mit dem Überlegen ist es sowieso so eine Sache.* Diesmal lief Jürgen Bartsch erst weg, als das Kind tot war, als ihm einfiel, daß seine Mutter wartete, mit dem Abendessen auf dem Tisch. Nachts dann, als die Eltern schliefen, schlich er sich aus dem Haus, durch ein Fenster, nur im Schlafanzug, über den er sich seinen Bademantel gezogen hatte, in Pantoffeln, mit einem Rasiermesser in der Schlafanzugjacke, Streichhölzern, einer Kerze. Er kehrte in die Höhle zurück und starrte die Leiche an, sehr lange, vielleicht zwei Stunden lang. Er versuchte es, aber das gelang ihm kaum, sie zu zerschneiden. Später hob er mit seinen Händen eine Mulde aus, in der er Klaus Jung begrub. Er hatte es sich monatelang vorgestellt, doch als er es getan hatte, erschrak Jürgen Bartsch entsetzlich.

Als ich aus der Höhle kam, war ich wie von Sinnen. Ich habe gedacht, da müßten jetzt alle Leute auf mich mit Fingern zeigen, ich habe gedacht, das sehen jetzt alle Leute, was du getan hast, ich habe das Gefühl gehabt, das sieht man dir an, das muß man dir ansehen. Ich habe es ja gewollt gehabt, aber daß ich erleichtert gewesen bin, hinterher, das kann man nicht sagen. Ich hab' das ja nicht getan, weil das mir Spaß gemacht hat. Hinterher, als das Sexuelle ganz flach war, da sah es ganz anders aus, war es ganz furchtbar, das war beim erstenmal am schlimmsten, ich hab' genau gewußt, was ich getan hatte, das Schreckliche. Mein Vater hat mir die Ruhrzeitung gezeigt, wo drinstand, daß das Kind vermißt ist und vielleicht tot ist, daß es einem Verbrechen zum Opfer gefallen sein muß, und er hat gesagt, so was gibt es doch gar nicht. Ich möchte jetzt nicht gern von Reue sprechen, aber doch, es hat mir so leid getan, es gibt keinen Ausdruck dafür, aber ich wußte auch, daß ich es nicht mehr gutmachen konnte. Das Sexuelle war danach erst einmal weg, da war ich im Innern auch bereit, Buße zu tun.

Geständnis im Beichtstuhl

Damals drängte es Jürgen Bartsch, sich seinem Vater zu eröffnen. Aber der hatte ihm die Ruhrzeitung gezeigt und über den Fall geschimpft wie alle anderen Leute, der sprach, wenn was von dem Fall in der Zeitung stand, wie alle anderen Leute vom Handwerklegen, der Bestie, davon, daß es da nur eines gebe.

Jürgen Bartsch wich zu einem katholischen Priester aus, dem er beichtete, weil er darüber sprechen mußte, dem er seine Tat gestand, obwohl er dachte, daß dann vielleicht alles aus sei, daß es für so etwas kein Beichtgeheimnis gebe. *Ich wußte, daß das Beichtgeheimnis sicher ist, das schon, aber ich hatte trotzdem Angst, aber ich wollte auch mit jemandem sprechen. Ich hatte Angst, weil das ein junger Kaplan war, und die Kirche besteht doch aus einzelnen Menschen.* Jürgen Bartsch konnte nicht ahnen, daß er nicht einem einzelnen Menschen beichtete, sondern in die Ohren eines hilflosen jungen Mannes sprach, der eben eine Rolle gelernt hatte, dem darum zu allem vor allem einfiel, was ihm über die Unverletzlichkeit des Sakramentes gepredigt worden war, nichts Besseres also, als die betreffenden Dekrete nachzuschlagen und sich taub zu stellen, als er schwarz auf weiß bestätigt fand, daß er sich auf dem Seminar nicht verhört hatte, daß es das Loch in der Vorschrift, das er vielleicht viel lieber gefunden hätte, tatsächlich nicht gab, daß er da nichts zu entscheiden hatte.

Keine Gnade des Zufalls

Er weigerte sich, Jürgen die Absolution zu erteilen, bat sein Beichtkind, sein priesterliches Gewissen nicht mit der Preisgabe eines Namens zu belasten, und empfahl Jürgen Bartsch an die irdische Gerechtigkeit weiter, die bereits an ihm gesündigt hatte und an der er nun sündigte, an die sich unmittelbar zu wenden er nicht fertigbrachte. Der Schritt, mit dem der junge Kaplan aus der Verantwortung austrat, war in Ordnung um der Ordnung willen, aber er kostete die Leben dreier Kinder.

Jürgen Bartsch unternahm noch einen dritten Anlauf, sich mittelbar auszuliefern, und legte noch ein zweites Geständnis ab, weil er noch immer das Gefühl hatte, daß er über jene Märznacht sprechen müsse. Aber dieses zweite Geständnis geriet ihm schon zurückhaltender als das erste im Beichtstuhl und forderte von ihm weniger Überwindung als der bloße Gedanke an ein Geständnis vor dem Angesicht seines Vaters. Er erzählte seinem Freund Volker, daß er es gewesen sei, der das Kind umgebracht habe, dessen Bild immer in der Zeitung gewesen sei. Volker glaubte ihm kein Wort.

Wochen verstrichen. Der gnädige Zufall, der damals noch hätte verhindern können, daß dieses Kind weiter tötete, daß Jürgen Bartsch noch als Heranwachsender tötete, blieb aus. Als das Sexuelle dann eines Tages wieder da war, stärker als vorher, ging Jürgen Bartsch wieder auf die Suche, nicht mehr nur an den Freitagen und nicht mehr nur in Essen, sondern bei jeder Gelegenheit, die sich ihm bot, an jedem Ort, den er erreichen konnte, nur in Langenberg nicht und nicht an den Sonntagen, an denen Gerhard Bartsch seine Familie ausfuhr. *Bald wurde es wieder so schlimm, daß ich fast an allen Tagen was versucht habe.* Zwischen dem 31. März 1962 und dem 6. August 1965, dem Tag, an dem Jürgen Bartsch den noch nicht ganz dreizehnjährigen Peter Fuchs aus Gelsenkirchen tötete, sprach Jürgen Bartsch nach seiner Erinnerung mehr als hundert Kinder an.

Mehr als drei Jahre lang blieb das Glück auf seiten der Kinder, an die er sich heranwagte. Jürgen Bartsch erlebte eine Niederlage nach der anderen. Einem Jungen, den er irgendwo zwischen Essen und Langenberg aus dem Bus steigen sah, in dem Jürgen Bartsch nach Hause fuhr, folgte er erregt, weil er bemerkt hatte, daß der Junge einen abgelegenen Feldweg einschlug. Doch der Junge wehrte sich und ließ sich auch von der Pistole nicht beeindrucken, die Jürgen Bartsch wieder zu Hilfe nahm. *Ich habe ihn laufen lassen und bin nach Hause gegangen. Ich hätte ihn nie bis zur Höhle gekriegt.* Ein anderer Junge, den er bereits von einem Essener Kirmesplatz in eine Nebenstraße gelockt hatte, begann ihn plötzlich auszuhorchen. *Der Kleine fragte nach meinem Namen und wo ich wohne, er fragte sogar, ob ich ihn entführen wollte.*

*Da wurde mir ganz unheimlich, und ich habe versucht, von dem
Kind wegzukommen, aber der Kleine blieb bei mir, der klammerte
sich richtig an einen und fragte weiter, und als ich dann selber
wegrannte, ist er mir sogar noch ein Stück hinterhergerannt.*
Doch es waren wahrscheinlich gerade diese zahlreichen, mitunter grotesken Niederlagen, die ihn immer weiter trieben, die ihn
rasend machten, die seine Sucht so steigerten, daß er spürte, wie
rapide, wie hoffnungslos er ihr verfiel, daß ihn jene Panik erfaßte,
die ihn in die Hurenzimmer der Stahlstraße geführt hat.
Das griff ineinander. Er mutete sich das Äußerste zu, um sich
noch umzukrempeln. Gleichzeitig aber suchte er besessen nach
einem zweiten Kind, um zum zweitenmal töten zu können.
Anfang 1965 erlaubte Gerhard Bartsch seinem Sohn, den Führerschein zu machen. *Ich habe gleich die ungeheuren Möglichkeiten der Benutzung eines Kraftwagens erkannt.* Die Leiche von
Peter Fuchs hatte er noch nicht vergraben, als er nur eine Woche
später, am 14. August 1965, den elfjährigen Ulrich Kahlweiß er-
würgte und zerschnitt.

Ich bin heute noch froh, daß alles herauskam

Ein beispielloser Fall –
Der Prozeß gegen Jürgen Bartsch (III und Schluß)

> *Der Unterschied zwischen den Psychiatern und*
> *den anderen Geistesgestörten, das ist etwa das Verhältnis*
> *von konvexer und konkaver Narrheit.*
>
> Karl Kraus

Er sei Privatdetektiv und hinter einem Diamantenschatz her, dabei benötige er einen Zeugen, dabei gebe es auch was zu verdienen, erzählte Jürgen Bartsch den Kindern, die er in seine Höhle lockte. *Das ging noch am besten. Da gingen die fast immer mit.* Manchmal ließ er den Kindern auch nur einen Zettel vor die Füße fallen, auf dem ein Treffpunkt vermerkt war. *Das hat aber nie geklappt.*

Am 6. August 1965 konnte Jürgen Bartsch auf seine Geschichte verzichten. Als Jürgen Bartsch ihn ansprach, war der fast dreizehnjährige Peter Fuchs aus Gelsenkirchen am Ende seiner Kräfte und nur zu bereit, in den VW-Transporter der Metzgerei Bartsch zu steigen.

Der Junge hatte ein kleines weißes Paket unter dem Arm und sah verloren aus. Ich habe gleich gemerkt, daß da was zu machen war. Der Junge war in den Ferien bei seiner Tante in Duisburg gewesen. Daß die Tante ihn nicht hat leiden können, hat mir der Junge erzählt, weil sie schon so viele eigene Kinder hatte. Die Tante hat ihn einfach zum Bahnhof gebracht, aber der Junge hat es mit dem Umsteigen nicht geschafft und war schon den ganzen Tag in Essen rumgelaufen. Als ich ihn sah, sprach er gerade mit drei Männern. Die zeigten ihm den Weg zur Polizeiwache. Der Junge ist auch hingegangen. Er hat sich aber nicht in die Wache reingetraut. Da habe ich ihn angesprochen. Er ist gleich eingestiegen. Der konnte kaum noch laufen.

Noch im Auto entkleidete Jürgen Bartsch das Kind und fesselte es mit der Schinkenkordel, die er stets mit sich herumtrug. Peter Fuchs wehrte sich kaum. Er starb im hintersten Winkel der Höhle.

Es war noch nicht dunkel, als Jürgen Bartsch die Höhle verließ. *Ich habe einen großen Schrecken bekommen. Die Wagentür stand offen, und die Kleider von dem Jungen hingen heraus. Da gingen doch immer Leute vorbei. Ich habe die Kleider dann alle in den Bach geschmissen.*

An diesem Abend aß Jürgen Bartsch ohne Appetit, aber er aß, um den Zorn der Mutter nicht herauszufordern. *Ich war sehr erregt. Ich dachte an den Jungen in der Höhle und an die Nacht, an das, was ich noch machen wollte.* Als die Wuppertaler Mordkommission die Leiche fand, war Peters Rumpf geöffnet. Unter dem Rumpf fand sie die abgetrennten Beine.

Mehr als drei Jahre waren zwischen dem ersten und dem zweiten Mord verstrichen. Zwischen dem zweiten und dem dritten Mord verstrich gerade eine Woche. Jürgen Bartsch ließ sich die *ungeheuren Möglichkeiten der Benutzung eines Kraftwagens* nicht entgehen. Und *das Sexuelle* wurde diesmal nicht mehr *ganz flach*. Ohne sich noch einmal zu besinnen, setzte Jürgen Bartsch seine wahnsinnige Suche fort.

Ich habe damals gleich weitergesucht. Ich habe auch ein paar Tage später einen Jungen gesehen, der mich interessierte, aber ich habe ihn nicht angesprochen, weil ich merkte, daß er zu Hause erwartet wurde. Am Samstag bin ich dann mit dem VW an der Höhle vorbeigefahren. Ich wollte sehen, ob was aufgefallen war. Da habe ich auf einer Plakatsäule, die in der Nähe ist, die Anzeige von der Kirmes in Velbert gesehen.

Der Generalplan

Dem noch nicht elfjährigen Ulrich Kahlweiß gefiel es, daß er einen getroffen hatte, der mit ihm Autoscooter fuhr und Karussell und Geisterbahn und immer bezahlte. Die Detektivgeschichte gefiel ihm weniger, aber weil der Fremde so nett war und man nie wissen kann, stieg Ulrich Kahlweiß zu Jürgen Bartsch in den Transporter.

Als Jürgen Bartsch losfuhr, packte Ulrich Kahlweiß die Angst, erinnerte er sich vielleicht an die Warnungen seiner Eltern, daß in der Gegend einer umginge, daß er keinem Fremden trauen solle. Es war zu spät. *Der Junge hat der ganzen Sache von Anfang an nicht getraut, das hab' ich gleich gemerkt. Als ich in den Feldweg reinfuhr, wollte er rechts aus dem Wagen raus, aber das ging nicht, die hatten in der Werkstatt das Türschloß verkehrt rum eingesetzt.*

Jürgen Bartsch riß das Kind zurück. Ulrich Kahlweiß wehrte sich verzweifelt. Jürgen Bartsch riß dem Kind die Kleider vom Leib. Wieder griff er zur Schinkenkordel. Aber Ulrich Kahlweiß gab nicht auf. Schon gefesselt, warf er sich noch immer hin und her und schrie. *Da wurde ich so aufgeregt, daß ich nicht mehr weiß, wie ich gefahren bin. Das Kind ist mir zwischen die Pedale gekommen, da wäre ich fast mit einem anderen Wagen zusammengehauen. Ich bin auf den nächsten Acker gefahren und hab' den Hammer genommen, der im Wagen war, den ich da hingelegt hatte für so etwas. Aber ich wollte den Jungen nicht totschlagen, ich wollte auch nicht so fest zuschlagen, aber er fing so an zu schreien, daß ich immer wieder zugeschlagen habe.* Auch Jürgen Bartsch gab nicht auf. Ulrich Kahlweiß lebte noch, als Jürgen Bartsch ihn in die Höhle zerrte.

Der unerwartete Widerstand des Kindes, daß an diesem Abend nicht alles so lief, wie Jürgen Bartsch es sich immer besessener vorstellte, daß er den Hammer nehmen mußte und zuschlug, ehe er töten, daß überall Blut war, ehe er Blut sehen wollte, im Wagen, an seinen Kleidern, das er wegwischen mußte, hinderte ihn noch einmal daran, auszuführen, was er seinen *Generalplan* genannt hat. Den Abend des 14. August 1965 verbrachte Jürgen Bartsch wie jeden Sonnabendabend, auf dem Ehebett seiner Eltern, zwischen seinen Eltern, vor dem Fernsehapparat. In der Nacht zum 15. August 1965 nahm er zum erstenmal ein Messer aus dem Laden seines Vaters mit in die Höhle. Die Wuppertaler Mordkommission fand die zerstückelte Leiche von Ulrich Kahlweiß in der Mulde, in der auch die Leiche von Peter Fuchs vergraben lag. Was sie fand, war Jürgen Bartsch *ein bißchen durcheinander* gekommen.

Jürgen Bartsch begann zu trinken, Cola mit Asbach, dann mehr Asbach als Cola. Das brachte ihn um die *ungeheuren Möglichkeiten*, wenigstens vorübergehend. Eine Jugendkammer entzog ihm den Führerschein und verurteilte ihn zu einer Freiheitsstrafe. Als er sie verbüßt hatte, sah er sich gezwungen, auf seine Freunde, die Taxifahrer, zurückzugreifen. Und von nun an vergaß er mehr und mehr die Vorsicht, die er sich angewöhnt hatte, vielleicht weil er mehr und mehr, wenn auch nur unbewußt, seine Entdeckung herbeiführen wollte. *Ich nahm immer mehr in Kauf. Ich wäre bestimmt nicht böse gewesen, wenn die Polizei mich erwischt hätte. Ich bin heute noch froh, daß alles herauskam.*

Noch hatte er das Entsetzlichste nicht getan. Aber was er auch in Kauf nahm, um ihm zu entgehen, niemand schöpfte Verdacht. Es kam und kam nicht heraus, was aus ihm selber klarer nicht herauskommen konnte. Jürgen Bartsch war dazu verurteilt, bis zur Neige zu erfahren, was in ihm fraß. Auch die kläglichste, die allerletzte Chance, nach drei vielleicht noch begreiflichen Taten und vor der vor allem ihm unbegreiflichen gefaßt zu werden, blieb ihm versagt.

Daß Jürgen Bartsch nicht gefaßt wurde, nachdem er zum drittenmal, ehe er zum viertenmal getötet hatte, ist eines der vielen

Rätsel dieses von so vielen verheerenden Koinzidenzen gezeichneten Falles, denn was Jürgen Bartsch vom Herbst 1965 an unternahm, war so überdeutlich auf Entdeckung angelegt, daß es unbegreiflich bleibt, daß noch immer niemand sah, was vor sich ging.

Daß die Metzgersleute Bartsch, die Langenberger Nachbarn es nicht sahen, weil sie nur sahen, was sie sehen wollten, was ihre Einfalt sehen konnte, daß alle, die Jürgen Bartsch kannten, blind blieben und noch förderten, was ein vermittelbares Maß an aufgeklärter Aufmerksamkeit, das dürfen wir hoffen, hätte verhindern können, reicht hier als Erklärung nicht mehr aus.

Obwohl die Mutter Bartsch manchmal bis nach Mitternacht wach lag, stieß sie nicht einmal auf ihren aus dem Haus schleichenden Sohn, obwohl Jürgen Bartsch manchmal so lange nicht wartete und das Haus schon vor Mitternacht verließ. Obwohl Gertrud Bartsch ihres Sohnes Kleidung täglich und penibel kontrollierte, gab sie sich mit windigen Ausreden zufrieden, als sie eine Hose vermißte, die Jürgen außerhalb des Hauses versteckt hatte, als er ihr zu erklären hatte, wo und wobei er sich beschmutzt habe. Und als Gerhard Bartsch an der Manschette seines Sohnes Blut entdeckte, dachte er nur, daß das halt vorkomme in dem Beruf. Was auch vorkam und sie hätte warnen können, die Eltern Bartsch fanden auf alles einen Reim und stets den falschen. Da konnte sich Jürgen noch so sonderbar verhalten, da konnten seine Kleider noch so verschmutzt sein und sogar fünfstellige Markbeträge in seinen Taschen verschwinden. Es nistet ein stumpfes Gefühl der Sicherheit in solchen Familien, in Langenberg und anderswo, das deutet alle Alarmzeichen um und deckt auch ein Chaos noch zu.

Jürgen Bartsch muß das gespürt haben. Er hatte gelernt, sich zu tarnen, und begriffen, daß dazu nicht viel gehörte. Er muß gespürt haben, wie wenig aus seinem Leben in das der anderen drang, wie gering die Gefahr war, entdeckt zu werden. Vielleicht wurde er darum so deutlich, als er entdeckt werden wollte und sich nur noch tarnte, weil er auch diesen Trieb nicht zu steuern vermochte, weil es ihn auch dazu nur trieb.

Durch die Städte, deren Polizei immer nervöser nach ihm fahndete, lief er mit einem Koffer, in den er sichtbare Luftlöcher gebohrt hatte, weil er ein Kind in ihm entführen wollte, das er vorher mit einem äthergetränkten Wattebausch betäuben wollte. Auch die Watte und den Äther trug er mit sich herum. In einer unbelebten Straße wollte er ein Kind überfallen und sich dann mit Koffer und Kind von einem Taxi zu seiner Höhle fahren lassen. Der Koffer sah so aus, daß ihn eines Tages jemand fragte, wohin er denn *mit diesem Kindersarg* wolle.

Und an dem Tage, an dem er zum letzten Mal tötete, legte er eine Spur, die zu seiner augenblicklichen Entlarvung hätte führen müssen, wenn es nicht wie verhext gewesen wäre.

Am 8. Mai 1966 köderte Jürgen Bartsch auf einem Kirmesplatz in Essen den elfjährigen Manfred Grassmann. *Erst habe ich einen anderen Jungen angesprochen, mit dem ich auch Autoscooter gefahren bin. Da war aber ein Mann, dem der Junge zuwinkte, das war der Vater. Ich bin so schnell wie möglich von dem Jungen weg. Dann habe ich einen zweiten Jungen angesprochen. Als ich mit dem Autoscooter gefahren bin, hat er auch gewinkt, zu einem etwas älteren Jungen hin. Das war der Bruder, was ich zuerst nicht geglaubt habe, weil der so anders aussah. Am Ende kam noch ein Junge. Das war noch ein Bruder. Da war mir alles egal. Ich habe die Detektivgeschichte erzählt und gefragt, wer nun mitwolle. Ich hätte auch alle drei mitgenommen. Aber dann habe ich mir den größten rausgesucht und den beiden kleineren einen Haufen Scooterkarten gekauft, damit die beschäftigt sein sollten.*

Von einer Gaststätte aus bestellte Jürgen Bartsch ein Taxi, das ihn und den Jungen in Richtung Langenberg fahren sollte. *Als der Fahrer reinkam, bin ich zuerst erschrocken, denn den kannte ich, das war der Charlie, der hatte mich früher schon mal gefahren.*

Jürgen Bartsch stieg dennoch ein, mit dem Kind. Daß zwar er den Fahrer, dieser aber nicht ihn wiedererkannt hatte, erfuhr er erst Monate später, irgendwann während der gerichtlichen Voruntersuchung.

Damals hielt er diese Möglichkeit für ausgeschlossen, weil er glaubte, sie selber ausgeschlossen zu haben, als er den Fahrer bat, ihn über Funk mit seiner Zentrale zu verbinden, damit er sich für den kommenden Montag einen Wagen bestellen könne. Er sei der Jürgen Bartsch aus Langenberg und brauche am kommenden Montag einen Wagen. Auf dem Wege, den Alptraum wahr zu machen, der so lange in ihm gespukt hatte und nun für immer in ihm spuken wird, weil er ihn wahr gemacht hat, versuchte Jürgen Bartsch Jürgen Bartsch zu verraten. Etwas sollte geschehen, nur nicht das, was geschah.

Arglos folgte Manfred seinem Mörder. Das war es, was der eine Jürgen Bartsch noch verhindern wollte, weil es das war, wonach der andere Jürgen Bartsch immer gesucht und nun zum Greifen nahe hatte. Aber auch an diesem 8. Mai 1966 stand niemand Jürgen Bartsch gegen Jürgen Bartsch bei, auch Charlie nicht. Was Jürgen Bartsch vielleicht insgeheim von Charlie erhofft hat, das war zuviel verlangt von Charlie. Charlie stattete nur die Leistung ab, für die Jürgen Bartsch ihn bezahlte. Er fuhr Jürgen und Manfred zu der ihm angegebenen Stelle.

Ihm dämmerte nichts, auch am nächsten oder übernächsten Tag nicht, als die Zeitungen des Ruhrgebiets mit der Nachricht aufmachten, daß vermutlich wieder ein Kind dem *Kirmesmörder* zum Opfer gefallen sei. Noch sechs Wochen lang, bis zum 21. Juni 1966, blieb Jürgen Bartsch ein namenloses Fahndungsziel.

Am 18. Juni 1966 gelang es dem vierzehnjährigen Peter Frese aus Wuppertal, der Jürgen Bartsch gefolgt war, weil er gerade *Lust und Laune* hatte, *weil ich gesehn hab', daß der Geld gehabt hat,* aus der Höhle zu entkommen, in der es *so komisch nach vergammeltem Fleisch* roch. Es gelang Peter Frese, in der Flamme der Kerze, die

Jürgen Bartsch ihm gelassen hatte, die Schinkenkordel aufzubrennen, mit der er gefesselt war. Während Jürgen Bartsch, der pünktlich zur Abendessenszeit *nach oben* gegangen war, im Bett seiner Eltern lag und brav ein Einer-wird-gewinnen-Quiz verfolgte, hastete Peter Frese zu einem Langenberger Haus, in dem er Licht sah.

Die Leute, an deren Tür er schlug, verständigten sofort die Polizei. Als Jürgen Bartsch in der Nacht in die Höhle zurückkehrte und sah, was passiert war, war sein erster Gedanke, daß nun nichts mehr passieren könne, daß alles aus sei, auch das Sexuelle, sein zweiter, daß seine Entdeckung nur noch eine Frage von Stunden sein konnte.

Ich weiß natürlich, da hätte ich mir sagen müssen, nun mußt du abhauen, sonst erwischen sie dich, aber ich bin nicht weg, das war mir egal, dann erwischen sie dich eben, das macht auch nichts mehr, das ist vielleicht sogar besser, habe ich gedacht.

Die Sonntagszeitungen waren heraus, als Peter Frese entkam. Am Dienstag, früh um fünf, weckte Mutter Beck ihren Mann und zeigte ihm die Zeitung. Sofort erinnerte sich Vater Beck an Jürgen Bartsch und die Höhle, an den Vorfall im Jahr 1961, an das, was damals der Jürgen mit seinem Frank gemacht hatte. Eine knappe Stunde später war Jürgen Bartsch verhaftet.

Gesund und erwachsen

Als Jürgen Bartsch am 27. November 1967 zur Anklagebank des Wuppertaler Schwurgerichtssaales geführt wurde, begann ein Prozeß, dessen Ausgang vorauszusehen war. Die Frage, ob dieser Junge krank ist oder krank war, durfte zwar gestellt, aber nur verneint werden, und auch auf die Frage, ob Jürgen Bartsch, der vor und nach seinem achtzehnten Geburtstag getötet hat, als Jugendlicher zu einer zeitlichen Freiheitsstrafe oder als Erwachsener zu verurteilen sei, gab es nur eine Antwort. Jürgen Bartsch mußte als Erwachsener verurteilt werden, damit er zu einer lebenslangen Zuchthausstrafe verurteilt werden konnte. Seine Richter griffen zum Mordparagraphen, weil die Gemeinschaft der Gesunden für Kranke wie ihn nur die in diesem Paragraphen angeordnete Behandlung kennt.

So hobelten sie, die das Los getroffen hatte, über Jürgen Bartsch richten zu müssen, und sie achteten der Späne nicht, um ihm die ausbruchssichere Zuchthauszelle verschreiben zu können, die sie ihm nicht verschreiben konnten, ohne zu hobeln, ohne die zu verhandelnde Katastrophe zu einem klaren Fall zurechtzulegen. Sie stuften Jürgen Bartsch als gefährlichen und uneingeschränkt verantwortlichen Gewohnheitsmörder ein, weil jene lebenslange Behandlung nur dem Menschen zusteht, der aus niederen Motiven und vorsätzlich einen anderen Menschen getötet hat und dabei ohne Zweifel gesund und ohne Zweifel erwachsen war. Sie zogen Entlastendes nur in Betracht, um der Form zu genügen.

Aber die Vorstellung, daß hier eine vielleicht noch mögliche Hilfe unterbleibt, auch die eines Arztes, die keinem verweigert werden sollte, daß hier blindlings Vergeltung an einem Menschen geübt wird, dem Einsicht noch nie zuteil wurde, der im Alter von fünfzehn Jahren dem Töten verfiel und noch nach seinem achtzehnten Geburtstag tötete, weil um ihn herum nur eine falsche Aufmerksamkeit mit sich zufrieden und in ihm keine Hemmung war, wird auch dadurch nicht erträglicher, daß Jürgen Bartschs Richter keine Wahl hatten, daß am 15. Dezember 1967 in Wuppertal keine freie Entscheidung freier Richter zur Verkündung kommen konnte, weil der noch immer zum Fürchten primitive Apparat Justiz & Strafvollzug ein Hilfe einschließendes Urteil nicht zuließ. Sooft der Vorsitzende dem Angeklagten das Selbstverständliche versprach, eine Entscheidung nach bestem Wissen und Gewissen, sooft versprach Landgerichtsdirektor Walter Wülfing Jürgen Bartsch das in diesem Verfahren Unmögliche.

Neun Verhandlungstage lang wurde Walter Wülfing nicht müde, seine richterliche Unabhängigkeit zu beschwören. Sie zu beweisen, war ihm verwehrt. Und so geriet ihm zur Karikatur, was er darstellen wollte. Zwei Tage lang nahm sich Walter Wülfing die Freiheit, dem Saal einen redelustigen Richter zu präsentieren, Jürgen Bartsch zu unterbrechen, wann immer es ihm einfiel. Erst am dritten Tage begriff er, daß ihm diese auf Kosten des Angeklagten demonstrierte Unabhängigkeit, die ihm keiner verwehrte, zur Willkür verkam, zu einem eitlen Versuch, vom Schatten des Jahrhundertfalls zu zehren.

Aber was Walter Wülfing auch an vermeidbar Peinlichem unterlief, vor allem während der Vernehmung einiger minderjähriger Zeugen, die er zu Niemandes Nutzen zu wenig schonte, peinlicher war, was er nicht vermeiden konnte – daß der Eindruck einer abgekarteten Inszenierung entstand, daß dieser Prozeß bei aller angestrengten Gründlichkeit jenen *fair trials* glich, die eine beschlossene Hinrichtung präludieren. Das allzu althergeholte Pathos, das seine Urteilsbegründung durchzog, in der es allzu ungebrochen vom Recht zur Rache raunte, übertönte nur allzu schrill dieses Richters Verlegenheit, dem die Dürftigkeit des Wissens, auf das er seine Entscheidung stützen mußte, nicht entgangen war, der nur nach bestem Gewissen entscheiden konnte, wo er lieber guten Gewissens entschieden hätte.

Es waren nicht Walter Wülfing und seine Beisitzer, die in Wuppertal versagten. In Wuppertal versagte die psychiatrische Wissenschaft. Es waren die mit der Exploration Jürgen Bartschs betrauten Gutachter, die es versäumten, wenn nicht für ein erträglicheres Urteil, was vielleicht nicht in ihrer Macht lag, so doch für eine erträglichere Verhandlung zu sorgen.

Wie selten in einem Prozeß kam es in diesem darauf an, die Strecke zu vermessen, um die unser Wissen vom Verbrechen unserer Behandlung des Verbrechens voraus ist. Die Wissenschaft hatte hier die sich nicht immer so deutlich bietende Chance, nachdrücklich auszusprechen, daß zu viele unserer Gesetze unsere Richter zu häufig zwingen, wider besseres Wissen zu verurteilen. Das hätte Jürgen Bartsch nicht mehr geholfen, auf dessen sichere Verwahrung auch die Nachsicht hätte dringen müssen, aber doch geholfen, die notwendige Überlegung zu popularisieren, ob die Verwahrung, die hier die einzig sichere war, in einem Fall wie diesem die richtige ist und die einzige bleiben soll. Die in Wuppertal versammelte Wissenschaft verzichtete.

Nur Mordlust, nichts Sexuelles

Sie gab sich mal forsch, mal poetisch, mal amateurkriminalistisch in Professor Lauber, dem Direktor des Landeskrankenhauses in Langenfeld.

Professor Lauber begann seinen vernichtenden Vortrag, dessen Ziel die rigorose Erklärung war, daß es in diesem Prozeß ein Ungeheuer abzuurteilen gelte, wenn auch ein normales und überdies intelligentes Ungeheuer, das hinter der vermeintlichen Krankheit aufzuspüren sei, mit dem Satz, daß über dem Saal, in dem er jetzt zu sprechen anhebe, tagelang lähmendes Entsetzen gelastet habe, das alle Zuhörer bis zum Abgrund des nicht mehr Faßbaren geführt habe. Und er schloß seine von keinerlei Bedenken getrübte Fassung des nicht mehr Faßbaren mit einer Reminiszenz an seinen ersten akademischen Lehrer, der weiland die Gelegenheit hatte, den berühmten Mörder Peter Kürten zu examinieren. Sein verehrter Lehrer habe damals, sagte Professor Lauber nicht ohne Rührung, seinen Vortrag über Kürten mit einigen Sätzen beendet, aus denen nur der mitleidende Arzt gesprochen habe. Das sei eine schöne Geste gewesen, die er wiederholen wolle. Diese Sätze, denen er sich anschließe, verlese er nun.

Sie waren menschlich, so menschlich, daß selbst in einem Parteienverfahren auch der Staatsanwalt sie hätte riskieren können.

Professor Lauber hielt ein Plädoyer gegen das Gutachten, das er nicht erstattet hat.

Ansonsten trat Professor Lauber dadurch hervor, daß er während der Beweisaufnahme oft ums Wort bat und knifflige Fragen an den Angeklagten adressierte, dadurch auch, daß er mehrmals seine Unbestechlichkeit betonte und auf seinen anerkannten Rang als Wissenschaftler hinwies, den auch ein beiläufiger Irrtum nicht herabsetzen könne.

Der lief ihm bei, als er erklärte, von der überdurchschnittlichen Intelligenz des Angeklagten zeuge eindrucksvoll die Rede, die Jürgen Bartsch anläßlich eines Abtanzballes verfaßt habe, denn diese Rede sei überdurchschnittlich gut formuliert. Sie war es. Nur hatte Jürgen Bartsch sie nicht verfaßt, sondern einem Redesteller entnommen, was deutlich genug zu hören war.

Felsenfest vom hohen Sinn drakonischer Strafen überzeugt, gab sich die psychiatrische Wissenschaft in dem Privatdozenten Dr. Dr. Bresser aus Köln.

Er brachte Jürgen Bartsch auf die handliche Vollverantwortlichkeitsformel, man habe es hier mit einem ungewöhnlich ausgeprägten, einmaligen und darum äußerst interessanten Fall eines sadistischen Intelligenzverbrechers zu tun, dessen eingehendere Untersuchung zwar zum Nutzen der Wissenschaft ungemein wünschenswert sei, doch werde auch die gründlichste Untersuchung keinen Zweifel daran wecken können, daß dieser Täter verstandesklar gehandelt habe und darum in ein Zuchthaus und nicht etwa in eine Heilanstalt gehöre, zumal ihm die ärztliche Kunst wohl kaum mehr zu helfen vermöge.

Ein Täter von dieser Intelligenz sei auch schon deshalb ein im Sinne des Mordparagraphen schuldiger Täter, dem keiner der entlastenden Paragraphen des Strafgesetzbuches oder des Jugendgerichtsgesetzes zugebilligt werden könne, weil die Intelligenz, und zumal eine außerordentliche, dem Menschen gegeben sei, damit er seine Triebe zügle. Es sei zwar eine moderne und verbreitete Auffassung, daß der Mensch mitunter seinen Trieben ausgeliefert sei, aber das sei eine Spekulation, der man entgegentreten könne oder sogar müsse, denn wie die Umwelttheorie sei auch diese in bedenklicher Weise dazu geeignet, den Richter in Schwierigkeiten zu führen und klare Urteile zu erschweren.

Immerhin, wo Professor Lauber Unumstößliches dekretiert hatte, räumte Privatdozent Bresser ein. Das menschliche Sosein bleibe auch dem erfahrenen Wissenschaftler oft ein unlösliches Rätsel. Nicht immer sei es möglich, auf die Frage nach dem Warum des menschlichen Tuns eine klärende Antwort zu erteilen. Es gebe da ein Dunkel, das auch die Wissenschaft nicht immer zu erhellen vermöge.

Das Licht, das Privatdozent Bresser in die Dunkelheit um Jürgen Bartsch getragen hat, brachte dennoch die absolute Gewißheit an den Tag, Jürgen Bartsch sei jederzeit in der Lage gewesen, seinen Trieb zu beherrschen, und es handle sich bei dem abzuurteilenden Sadismus um bloße Mordlust, nicht etwa um etwas Sexuelles.

Nur ungefähr eine Stunde werde er sprechen, versprach Privatdozent Bresser dem Gericht, als er sich niederließ. Als Walter Wülfing ihn nach Stunden bat, innezuhalten, er lese Erschöpfung auf allen Gesichtern, war Bresser gerade dabei, zu erklären, was er unter Lebensführungsschuld verstehe, sich in seine unerklärlichen Erklärungen so zu verstricken, daß sich zunehmend Widersprüche ergaben, die die Verteidigung notierte.

Am nächsten Tag dann räumte Bresser wieder aus, was er eingeräumt hatte, auch die Widersprüche, und zog die Lebensführungsschuld aus dem Verkehr. Er begreife sich, sagte er, als ein Diener des Gerichts. Es sei nicht seine Aufgabe, als Sachwalter der Menschlichkeit aufzutreten, seine Aufgabe sei es, eine methodisch saubere Grundlage für entschiedene Urteile zu legen.

Das wolle er nun endgültig tun. Er habe zwar in diesem Fall einmal an den Absatz 2 des Paragraphen 51 gedacht und diese Erwägung auch in seinem schriftlichen Gutachten angedeutet, daran denke er nun nicht mehr, diese Erwägung erkläre er für gegenstandslos, absolut. Privatdozent Bresser gelang es, seine Rede am Ende bündig zu schürzen.

Ansonsten trat er wie Professor Lauber dadurch hervor, daß er sich seiner reichen forensischen und psychiatrischen Erfahrung rühmte, dadurch auch, daß er eine erfreulich strenge Übereinstimmung in der Begutachtung jugendlicher Rechtsbrecher zumindest in Nordrhein-Westfalen feststellte.

In Professor Scheid schließlich, dem Direktor der Universitätsnervenklinik in Köln, gab sich die psychiatrische Wissenschaft vor allem kollegial.

Er könne, sagte Professor Scheid, die Ausführungen seines Mitarbeiters Bresser, dessen schriftliches Gutachten er mit unterzeichnet habe, nach bestem Wissen und Gewissen vollinhaltlich als unanfechtbar abgesichert bestätigen.

Ansonsten trat Professor Scheid nur dadurch hervor, daß es ihm in freier Rede und fast eine Stunde lang glückte, die Ausführungen seines Vorredners zu paraphrasieren.

Keiner der drei Gutachter hat auf einer klinischen Exploration Jürgen Bartschs bestanden. Alle drei fügten sich, als beflissene Diener des Gerichts mehr denn als Wissenschaftler, dem Wuppertaler Staatsanwalt, der vor den unübersehbaren Risiken der dazu notwendigen Überführung nach Köln warnte.

Die Beweisanträge der Verteidigung, die eine Hinzuziehung weiterer Sachverständiger, des Sexualwissenschaftlers Giese aus Hamburg, des Psychosomatikers Mitscherlich aus Heidelberg und des Genetikers Prokop aus Ostberlin forderte, wies das Gericht zurück.

Solange das, was sich in Wuppertal zutrug, so übereinstimmend zutrug, daß das Gericht an dieser Übereinstimmung nicht vorbeikam, der psychiatrischen Weisheit letzter Schluß bleibt, muß der Apparat, der Jürgen Bartschs weiteres Leben regelt, so primitiv bleiben, wie er ist.

Wenn die psychiatrische Wissenschaft es nicht wagt, für eine Verfeinerung des Apparates, für eine menschlichere Justiz und einen vernünftigeren Strafvollzug zu streiten, wie sollen es die Richter, die bei aller verbrieften Unabhängigkeit auf die fachliche Beratung der Laubers, Bressers und Scheids angewiesen sind.

Es geschah im VW

Sie nennen es einen Sittenprozeß

Lüneburg

Im November 1962 sei es passiert, sagt das Mädchen, in einem Volkswagen, auf dem Rücksitz, der Polizist sei es gewesen, mit Gewalt, sie habe sich gewehrt nach Kräften, doch vergeblich. Aber das sagte das Mädchen zum erstenmal, als es schon im sechsten Monat und nichts mehr zu verbergen war, als auch der Trick mit den brav verbrauchten Binden nicht mehr verfing, mit dem es die Mutter sechs Monate lang täuschte.

Im November 1962 sei gar nichts passiert, sagte der Polizist, er werde sich doch nicht an Nachbars noch nicht fünfzehnjähriger Tochter vergreifen und schon gar nicht mit Gewalt.

Mal sehen, was war, sagten die Richter in Lüneburg, als die Eltern des Mädchens kamen und den Polizisten anzeigten. Es war wohl doch nichts, sagten sie in der vergangenen Woche und sprachen den Polizisten von der Anklage der vollendeten Notzucht frei. Es sei jetzt sicher, sagten sie, daß noch nicht einmal sicher sei, ob zwischen dem Polizisten und dem Mädchen überhaupt etwas war.

Was soll man sagen, wenn sich eine Affäre wie diese schon fast sechs Jahre lang hinschleppt, davon fast vier vor Gericht?

Dreimal wurde die Sache verhandelt. Zum erstenmal im Mai 1964. Es sei wohl besser, sagten und beschlossen die Richter damals, einen Sachverständigen aufzufordern, sich der verzwickten Lage wissenschaftlich anzunehmen. Sie setzten das Verfahren ab und den Polizisten fest, denn sie wollten Licht in den schon damals fernen November tragen und sich nichts verdunkeln lassen. Das hatte der Polizist allerdings versucht in seiner Panik. Er hatte einen Knaben aufgetrieben, der bereit war, das Mädchen ein wenig anzuschwärzen. Es sei lange vor dem November 1962 etwas passiert, sagte der Knabe, im Stall, mit ihm. Auch habe er einmal gehört, wie das Mädchen einem Mann, der ihr aus einem Fenster zugepfiffen habe, einen unsittlichen Antrag gestellt habe. Komm doch runter, wenn du etwas willst, habe das Mädchen gerufen.

Im Oktober 1964 hob sich der Vorhang zum zweitenmal. Doch wiederum gelang es den Richtern nicht, den fraglichen Novemberabend entscheidungsklar zu illuminieren. Es sei wohl besser, sagten und beschlossen die Richter damals, noch einen erbbiologischen Sachverständigen hinzuzuziehen, damit geklärt werden könne, ob überhaupt. Sie setzten das Verfahren zum zweiten Mal ab und den Polizisten auf freien Fuß, denn nun stand fest, daß es in diesem Dunkel nichts mehr zu verdunkeln gab.

Ob überhaupt etwas gewesen sei, könne er nicht mit Sicherheit sagen, sagte der erbbiologische Sachverständige, als sich der Vorhang in der vergangenen Woche zum drittenmal hob. Es sei lediglich wahrscheinlich, daß der Polizist der Vater des Kindes sei, welches das Mädchen im August 1963 geboren habe.

Der Staatsanwalt sprach noch eine Weile von der Strenge des Gesetzes, die der Angeklagte fühlen müsse, und sagte, das Zuchthaus, nein, das sei zu hart, aber zwei Jahre ins Gefängnis, das doch, denn, er sei da ganz sicher, es sei da etwas gewesen, und das sei Notzucht.

Wenn es an Beweisen mangele, der für das praktische Leben brauchbaren Gewißheit, daß etwas gewesen sei, was hier der Fall sei, sagten und verkündeten die Richter, sei es die Pflicht des Gerichts, einen Angeklagten mangels Beweisen freizusprechen.

Was lange währt, wird endlich erträglich, auch in Lüneburg.

Das ist die eine Geschichte.

Die Geschichte, die dahintersteckt, ist weniger lustig.

Sie begann wahrscheinlich im März 1962 in einem Dorf in der Lüneburger Heide, als der damals vierundzwanzigjährige Hauptwachmeister in den Stand der Ehe trat und alsbald erleben mußte, daß seine Frau sich ihm entzog, weil sie schwanger war.

Es ist passiert im November 1962. Aber was passierte, war, daß ein Mann seine Ehe brach und ein Mädchen verführte. Mehr hätte nicht passieren müssen.

Es kam zu Verleumdungen und Haß und diesem kläglichen Prozeß, weil das Mädchen seine Eltern fürchtete, die es schlugen, weil das Mädchen sechs Monate lang schwieg, weil die Ehe des Polizisten glücklich war, weil der Polizist nicht zögerte, seiner Frau und seiner Ehe zuliebe zu leugnen, was er wahrscheinlich nicht geleugnet hätte, wenn er gewußt hätte, was auf ihn und seine Frau und seine Ehe zukam.

Es kam zu diesem Prozeß, weil die Eltern des Mädchens nur Notzucht hörten, als das Mädchen weinte und sagte, sie habe es doch nicht gewollt.

Weil sie nicht begriffen, daß noch nichts ruiniert war, als die vermeintliche Schande über die Familie kam, ließen sie es zu, daß ein Gericht gezwungen war, ihre Tochter nicht zu schonen.

Die Blindheit der Eltern verband sich mit der Blindheit des Gesetzes zum Schaden aller, die die Mechanik einer obligatorischen Strafverfolgung in ein Verfahren zog, das die Einsicht spätestens im Mai 1964 hätte einstellen müssen.

Nur ein Bild des toten Timo

Notizen aus dem Prozeß gegen Klaus Lehnert

Vielleicht wird der inzwischen siebenundzwanzigjährige Klaus Lehnert, dessen Vater ein in Wiesbaden angesehener Arzt war, doch noch der gegen ihn erhobenen Anklage entsprechend wegen Mordes verurteilt werden.

Klaus Lehnert ist der Mann, der am 13. Februar 1964 im Keller eines Hauses an der Wiesbadener Wilhelmstraße den siebenjährigen Timo Rinnelt tötete und über drei Jahre lang die auf ihn angesetzte, sonderbar unfähige Sonderkommission der Wiesbadener Kriminalpolizei narrte.

Aber es wäre dies dann ein Urteil, das sich auf eine zu freie Beweisführung stützen müßte; denn während der fünf Tage, an denen das Schwurgericht des Landgerichts Wiesbaden unter dem Vorsitz des Amtsgerichtsrates Werner Hartmann die Mordanklage gegen Klaus Lehnert bisher verhandelte, die Beweise gegen Klaus Lehnert prüfte und die Sachverständigen hörte, stellten sich sichere Indizien für das Vorliegen einer strafbaren Handlung im Sinne des Mordparagraphen nicht ein.

Die ihn jagten, haben ihn zu spät gefangen. Als Klaus Lehnert verhaftet wurde, gab es keine Indizien mehr sicherzustellen, die ihn gegen sein Einverständnis eines Mordes hätten überführen können. Vielleicht gab es solche Indizien in den Wochen nach der Tat; vielleicht hätte Klaus Lehnert damals eher die Wahrheit gesagt als heute. Aber wenn er heute lügt, so wahrt er damit nur sein Recht, zu verschweigen, was ihn belastet; doch wahrscheinlich spricht er die halbe Wahrheit aus, die ihm in den Jahren zur ganzen geworden ist.

Klaus Lehnert hielt während der fünf Verhandlungstage an

seiner schon unmittelbar nach der Verhaftung von der Polizei protokollierten Aussage fest, daß er nicht wisse, wie es geschehen sei. Weil er es wahrscheinlich wirklich nicht weiß, sagt er, er könne sich nicht an die Augenblicke im Keller erinnern.

Er könne sich nur daran erinnern, daß Timo, dessen Eltern in dem Haus Wilhelmstraße 17 wohnten, in dem damals auch Klaus Lehnert wohnte, ihn auf einem Wege zum Keller des Hauses Wilhelmstraße 58 angesprochen und wohl auch begleitet habe. Erst als später überall nach Timo gerufen und gesucht wurde, sei ihm eine Ahnung gekommen, daß etwas Schreckliches passiert sei. Da sei dann das Bild des tot im Keller liegenden Kindes vor ihm aufgetaucht. Da habe er begriffen, daß er sich verteidigen müsse.

Von diesem Augenblick an habe er versucht, durch die Vortäuschung einer Entführung von sich abzulenken. Er habe den Erpresser erfinden müssen, um sich vor dem Zugriff der Polizei zu schützen. Weil er für den 13. Februar kein Alibi gehabt habe, habe der Erpresser sofort auftauchen müssen, zu einem Zeitpunkt, für den er sich ein sicheres Alibi besorgt habe; das sei dann auch überprüft worden. Nur um alles echt aussehen zu lassen, habe er Timo, bevor er ihn ein paar Tage nach dem 13. Februar im Lichtschacht des Kellers unter Schutt verscharrte, die Schuhe ausgezogen und einen Schuh in ein Schließfach des Frankfurter Hauptbahnhofs gelegt und Timos Eltern den Schlüssel geschickt. Nie habe er es wirklich auf ein Lösegeld abgesehen gehabt. Erst im Mai 1967, als er in der Zeitung von der Entwicklung eines Verfahrens gelesen habe, Täter durch die Tonbandaufnahme auch ihrer verstellten Stimme so sicher wie durch Fingerabdrücke zu identifizieren, habe er versucht, Geld zu erpressen. Denn er habe gewußt, daß einer seiner Anrufe bei Timos Eltern von der Polizei mitgeschnitten worden war; er habe ins Ausland fliehen wollen.

Er erinnert sich nicht

Vieles spricht für die Wahrheit dieser Aussage. Klaus Lehnert hat tatsächlich vor 1967 keinen entschlosseneren Versuch unternommen, das Geld, das er immer wieder forderte, sich auch zu verschaffen. Journalisten, denen er bereitwillig bei ihren Recherchen half, hat er schon 1964 Timos Verschwinden mit Andeutungen erklärt, die seiner heutigen Aussage entsprechen: Die Entführung sei fingiert, da habe einer den Timo im Affekt umgebracht und wolle nun auf diese Weise von sich ablenken. Auch die Kassiber, die er während der Untersuchungshaft an einen Mitgefangenen richtete, der ihm ungebeten zu fadenscheinigen Kniffen riet, sprechen, genau gelesen, für die Wahrheit der scheinbaren Schutzbehauptung: *Ich bin schon einmal mit dem großen Unbekannten reingeflogen. Mir kann nur eine Untersuchung helfen, dann steht meine Sache nicht schlecht, weil ich in meiner Jugend so viel erlebt habe, was mir Schaden zugefügt haben kann, zumal man sich selber immer für normal hält. Ich weiß es doch tatsächlich nicht. Vielleicht kann man durch die Untersuchung Licht in die Sache bringen. Es kommt darauf an, zu beweisen, daß ich keine Erinnerung habe. Aber das ist wahrscheinlich ziemlich unmöglich.*
Alle zuverlässigen Zeugen schilderten Klaus Lehnert als einen weichen und freundlichen jungen Mann, der ausgesprochen nett gerade mit Kindern, auch mit Timo, umgegangen sei. Außer der Freundin, die er einmal aus Eifersucht ohrfeigte, zieh ihn niemand der Gewalttätigkeit, niemand hatte jemals sadistische Neigungen an ihm entdeckt. Es ergab sich auch kein einziger Anhaltspunkt für den noch in der Anklageschrift formulierten Verdacht einer latenten Homosexualität, den zunächst offenbar der alltägliche Umstand genährt hatte, daß Klaus Lehnert mit seinen Freunden hin und wieder ein Wiesbadener Homosexuellen-Lokal besuchte.

Es fand sich auch kein Zeuge, der Klaus Lehnerts zynisch klingende Aussage widerlegen oder zumindest ihre Unglaubwürdigkeit andeuten konnte, es sei nicht seine Absicht gewesen, Timo mit sich zu locken, der Junge habe sich ihm im Gegenteil fast aufgedrängt: *Der Timo hat doch seine Nase in alles gesteckt.*

Es geht bei der Entscheidung, ob Klaus Lehnert wegen Mordes oder wegen Totschlags verurteilt werden wird, nicht in erster Linie um die Festsetzung des Strafmaßes. Es geht darum, ob ein Täter wie Klaus Lehnert auf Grund einer kühleren Wertung der gegen ihn sprechenden und der ihn entlastenden Sachverhalte verurteilt werden wird oder ob sich Vergeltungswünsche in die Beweislücken schieben und sie mit Vermutungen zuungunsten des Angeklagten schließen werden.

Klaus Lehnert sei *sozusagen mit einem goldenen Löffel im Munde* geboren worden, seine Jugend sei, verglichen mit der anderer Kinder seines Jahrgangs, als eine *durchaus rosige* zu bezeichnen, nicht der Hauch eines Milieuschadens habe ihn berührt, stellte am fünften Verhandlungstag der Marburger Professor Helmut Ehrhardt fest, der über die strafrechtliche Zurechnungsfähigkeit des Angeklagten zu referieren hatte.

Wie noch immer viele Vertreter seiner Zunft entledigte er sich dieser Aufgabe, indem er sich zunächst in der im Zeugenstand deplacierten und seiner Wissenschaft nicht würdigen Fertigkeit übte, das Plädoyer der Anklage vorwegzunehmen, um sich dann, als er zur Sache kam, um so kürzer anzubinden; *schlicht und einfach* war am Ende seiner Ausführungen des Professors bevorzugte Wendung, schlicht und einfach erklärte er Klaus Lehnert ohne Zögern und ohne Einschränkung für zweifelsfrei voll zurechnungsfähig.

Wie in so vielen Prozessen gerieten auch in Wiesbaden die Auftritte der psychiatrischen Sachverständigen zu tristen Spektakeln.

Es sei *schlicht und einfach falsch,* erklärte Helmut Ehrhardt, gleich krank zu nennen, wer bloß töte; wo blieben da die Kriege, das leuchte doch ein. Es sei ohne Belang, ob sich Klaus Lehnert am 13. Februar 1964 zu einer Affekthandlung habe hinreißen lassen oder nicht, *wer tötet, handelt stets im Affekt.* Auch sehe er keine forensisch relevante Verbindung zwischen dem teils neurotisch, teils psychopathisch gefärbten Persönlichkeitsbild des überdies hochgradig egozentrischen Angeklagten und seiner Tat; allerdings zwinge ihn dieses Persönlichkeitsbild zu einer düsteren Sozialprognose. *Aber es gibt nun mal charakterlich abartige Leute, das Gros der Asozialen, der Kriminellen, der Gewohnheitsverbrecher, der Hangtäter, wie man neuerdings sagt.*

Es wird viel geredet

Er trug Klaus Lehnert auf offener Szene einen Handel an: *Sie sehen doch die Möglichkeiten, die sich für Sie durch die Befunde des Obduzenten ergeben; erinnern Sie sich jetzt an die Ereignisse im Keller?*
Und voller Genugtuung verwies er noch einmal auf das bereits von einem Neben-Gutachter vorgetragene negative Ergebnis der auf seine Veranlassung an Klaus Lehnert vorgenommenen Chromosomen-Untersuchung: *Ich habe diese Untersuchung angeordnet, weil ich im Zusammenhang mit dem Prozeß gegen Bartsch gehört habe, daß ein Angeklagter, an dem keine derartige Untersuchung durchgeführt worden ist, nicht ausreichend untersucht sei. Das ist schlicht und einfach Unsinn.* Daß vielleicht gerade von der Genetik schon in naher Zukunft entscheidende Einsichten in kriminelle Dispositionen zu erwarten sind, ließ ihn kalt: *Es wird viel geredet. So was soll erst einmal bewiesen sein.*
Solche Sachverständigen degradieren sich zu Bütteln der Justiz, ohne zu begreifen, daß der forensischen Praxis, auf die sie sich unablässig berufen, mit nichts weniger gedient ist.
Zwischendurch schlug sich der Professor, der ein wissenschaft-

liches Institut für gerichtliche und soziale Psychiatrie leitet, dann noch auf Abwege und sprach über die allgemeinen Schwierigkeiten bei der *terminologischen Ausrottung* bestimmter, seiner Ansicht nach wahrscheinlich zu milden Vorurteilen verführender Täter-Klassifizierungen, auch ließ er es sich nicht nehmen, in einer mit aktuelleren Vokabeln wohlversetzten Parenthese Politisches zu bedenken. *Klaus Lehnert ist nicht der Typ des jungen Mannes, der das sogenannte Establishment bekämpft, er ist mehr der Typ des Schmarotzers, des Parasiten. Aber darin sind sich doch alle einig, auch die jungen Leute, die das sogenannte Establishment bekämpfen, daß alle Gesellschaften, auch die zukünftigen, von denen sie reden, vom einzelnen verlangen müssen, daß er den anderen nicht auf der, will ich mal sagen, Tasche liegt. Ich will noch sagen, daß jemand wie Lehnert in einem machtstaatlichen Gebilde unmöglich wäre, vielleicht ist er ein Produkt unserer freiheitlich-demokratischen Grundordnung...* An dieser Stelle erhob sich Gemurmel im Saal, sogar Gelächter, und es bedurfte einer deutlichen Geste des Amtsgerichtsrats Hartmann, der ob solcher Töne sichtlich erschrak, den Professor vor ausführlicheren Konfessionen zu bewahren und auf die nicht so offensichtlich schlüpfrigen Pfade seiner Disziplin zurückzuwinken.

Vor Helmut Ehrhardt hatte die ebenfalls aus dem nahen Marburg herbeigereiste Diplom-Psychologin Renate Göltz ihr Gutachten erstattet. Renate Göltz las die Ergebnisse der dreiundzwanzig verschiedenen Testverfahren vom Blatt, *alle im deutschen Sprachraum üblichen,* denen sich Klaus Lehnert im Zuge seiner Marburger Exploration *durchaus kooperativ* unterzogen hatte.

Es war das eine im Gegensatz zu jener des Professors sehr ehrenwerte, aber eine zu akademische Vorstellung. Auch damit ist der forensischen Praxis nicht gedient, daß psychiatrische Sachverständige Ableitungen vortragen, in denen die Ergebnisse der Arbeit *mit den Probanden* hinter einem nur als Modell funktionierenden Theorem verschwinden.

Renate Göltz sah die neurotische Bindung Klaus Lehnerts an seinen Vater, die über den Tod des Vaters hinaus anhielt und Klaus Lehnert Alpträume bescherte, in denen er die Leiche seines Vaters, den er tot nie gesehen hatte, suchte und fand, auch Tagträume, die ihn dazu trieben, den Vater im Altersheim oder im Krankenhaus zu vermuten und zu suchen, weil sie ihn glauben ließen, die Mutter und der Stiefvater hielten den noch lebenden Vater vor ihm verborgen. Sicherlich zog diese fixe Idee in Klaus Lehnerts Leben Schwieriges nach sich. Aber es ist nur eine Frage von akademischem Interesse, ob sich die unaufgeklärten Vorgänge im Keller des Hauses Wilhelmstraße 58 als Ersatzhandlung für einen nicht vollzogenen Vatermord deuten lassen. Darum folgte ihrer mitunter virtuosen Erörterung auch keine eingehende Diskussion ihrer forensischen Bedeutung. Und es war kein Zufall, daß die Diplom-Psychologin den Rapport ihrer Befunde damit abschloß, daß sie über Klaus Lehnert einen Seminar-Segen sprach: *In seiner Art ist der Proband Klaus Lehnert ein für die Wissenschaft interessanter Fall.*
Die Tragödie, über die das Wiesbadener Schwurgericht in diesen Tagen urteilen muß, bietet auch den Trost eines feinen Musters nicht.
Klaus Lehnert war vierzehn, als sein späterer Stiefvater das bereits leblose Kind aus dem Becken eines Hallenbades rettete und bei dieser Gelegenheit in Annemarie Lehnert nicht nur Dankbarkeit erregte, fünfzehn, als sein Vater starb, dem die Krankheit und der Anblick seiner zweiunddreißig Jahre jüngeren Frau und ihres Liebhabers die letzten Tage vergällten; das konnte Klaus, dem Lieblingskind des Vaters, nicht entgehen. Doch es kann auch ein gewöhnlicher Ärger wie der, der im Hause Lehnert-Rabe nach dem Tod des alten Arztes ausbrach, eine Krisis herbeiführen.
Klaus Lehnert vermißte die ihn bevorzugende Aufmerksamkeit des Vaters und haßte darum bald den Mann an dessen Stelle. Aber nicht nur darum gerieten Klaus Lehnert und Günter Rabe

aneinander. *Der Herr Rabe hatte doch kein Niveau.* Annemarie Lehnert, die vor und während ihrer Ehe mit dem Arzt ihrem Mann kaum mehr als eine Sprechstundenhilfe war, hatte es nie verstanden, dessen höheren Ansprüchen zu genügen: *Vor allem in den letzten Jahren habe ich mich kaum mehr mit meinem Mann unterhalten können, darum war ich froh, daß ich dann jemanden gefunden habe, mit dem ich mich verstanden habe.* Schließlich wird Günter Rabe, ein nicht sehr zimperlicher Mann, dem die groben Worte und die groben Hände locker sitzen, die offene Abneigung des Jungen kaum mit Zuneigung vergolten haben.

Klaus Lehnert erlag den ständigen Spannungen, die mit den Jahren an Schärfe zunahmen. Seine schulischen Leistungen erfüllten bald die Klassennorm nicht mehr, und es mißriet ihm auch der Versuch, auf einer Privatschule in Berlin das Abitur doch noch abzulegen. Sein Ehrgeiz sank auf ein abnormes Minimum. *Ich konnte mich nicht mehr konzentrieren. Ich konnte überhaupt nichts mehr geistig schaffen. Es hatte doch auch keinen Sinn. Wofür sollte ich mich anstrengen.* Günter Rabe trieb ihm dann auch noch die Freunde aus dem Haus und die erste Freundin: *Mich hat mit der Zeit niemand mehr angerufen, weil der Herr Rabe immer aufgelegt hat, wenn es für mich war. Auch wegen der Ute gab es laufend Ärger.*

Lächerliche 20 000 Mark

Als Klaus Lehnert aus Berlin zurückkehrte, verriet er nicht, daß er ohne Abitur zurückkam. *Ich wollte das wegen dem Herrn Rabe nicht zugeben.* Und er zog bald aus dem Haus der Mutter aus und in die Wohnung der Mutter seines Stiefvaters um, die sich mit ihrem Sohn überworfen hatte.

Am Tage seiner Volljährigkeit dann verlangte Klaus Lehnert von

der Mutter die Auszahlung des väterlichen Erbteils. *Der Herr
Rabe hat die Aktien von meinem Vater verkauft, weil er das Haus
kaufen wollte. Das war nicht richtig. Ich habe gedacht, daß eines
Tages das Geld weg sein würde.* Klaus Lehnert erhielt seinen Erb-
teil. Das waren zwanzigtausend Mark. Das war der Anfang vom
Ende.

Annemarie Rabe drückte die zwanzigtausend Mark einem nur
auf dem Papier volljährigen Kind in die Hand, und es war dies
wahrscheinlich eine Summe, von der sich Klaus Lehnert nicht
nur seine Unabhängigkeit, sondern auch Sicherheit versprach,
weil er nicht ahnen konnte, daß zwanzigtausend Mark eine lä-
cherliche Summe sind, wenn man arglos anfängt, sie auszugeben.
Wie sollte er auch; noch nicht einmal der Werner Hartmann beisitzende Landgerichtsrat schien das zu wissen; denn er fuhr vor
Empörung hoch, als er Klaus Lehnert fragte, wie er denn das
Geld in ein paar Monaten habe durchbringen können.

Die Hälfte des Geldes verschlang im Handumdrehen der Wagen, den Klaus Lehnert sich leistete, erst seine Anschaffung, und
dann waren alsbald auch Reparaturen zu bezahlen. Es habe sich,
warf der beisitzende Landgerichtsrat zur allgemeinen Unter-
richtung ein, um einen Sportwagen gehandelt, um *einen roten
Sportwagen!*

Sie waren der Anfang vom Ende, diese zwanzigtausend Mark,
die Klaus Lehnert in wenigen Monaten ausgab, aber es war dies
ein Prolog, der nicht zu dem ihm folgenden Drama paßt, es hätte
auch ein glimpflicheres Stück über die Bühne gehen können. Und
es lief auch anders ins Unglück, als der Landgerichtsrat Fuhr es
zu sehen schien, denn die Moral vom Geld, das verdirbt, stattet
Klaus Lehnerts Geschichte nicht ab. Es war nicht das Geld, das
ihn verdarb, ihn griff nur der zufällige Aufschub an, den es
ihm gewährte. Als es dahin war, war endgültig in Klaus Lehnert
auch die Kraft dahin, aus eigenem Antrieb, ohne den Anstoß
der Katastrophe, erwachsen zu werden. Es waren diese Monate

trügerischer Sicherheit, die ihn darum brachten, sich zu einem Beruf aufzuraffen, aber es hätte nicht unbedingt der Erbschaft bedurft, um den Zeitlupengang seiner Entwicklung zu drosseln und schließlich anzuhalten. Auch eine schlüssige Kausalkette stattet Klaus Lehnerts Geschichte, die dennoch eine Krankheitsgeschichte ist, nicht ab.

Ans Sitzenbleiben gewöhnt

Als er sich die Miete nicht mehr leisten konnte, zog Klaus Lehnert aus seiner möblierten Wohnung aus und zurück unter das Dach der Mutter und in den Ärger mit Günter Rabe, dann in die Wilhelmstraße 17, weil es sich so ergab. Im Laufe des Jahres 1963 schlich sich die Ahnung des Scheiterns in Klaus Lehnerts Leben, und widerstandslos gab er sich ihrer Trübsal hin, wie ein Kind, das sich allmählich ans Sitzenbleiben gewöhnt und nur noch im Spiel zu Kindern seines Alters findet, nur noch auf ein wenig Unterhaltung bedacht.

Helmut Ehrhardt versah sich im Genre, als er das Bild von dem goldenen Löffel im Mund dieses Kindes malte; *durchaus rosig* war Klaus Lehnerts Jugend nicht, und ein Milieuschaden läßt sich nicht immer in eine Pfennigrechnung fassen; es war des Professors Absicht allerdings nur, den *abartigen Charakter* aus dem Bereich der Entschuldigungen zu manövrieren.

Es lag da ein Schaden vor, der diesem Leben widerfahren ist, wenn auch nur ein Schaden, der die Katastrophe des 13. Februar 1964 nicht erklären kann. Es wäre die Aufgabe eines psychiatrischen Sachverständigen gewesen, darauf hinzuweisen, daß sich Klaus Lehnerts Tat nicht aus seiner Sozialanamnese herleiten läßt, ohne mit dem Schnellurteil zu kommen, es müsse sich darum bei Klaus Lehnert um eine Art kaum therapierbaren Gewohnheitsverbrecher handeln.

Auch Renate Göltz versah sich im Genre, als sie Dämonen bemühte, wo es vielleicht nur eine Pechsträhne und dann eine explosionsartige Affekttat zu konstatieren galt; aber die Diplom-Psychologin schloß die Ergebnisse ihrer dreiundzwanzig Anläufe kurz, um die Vatermord-Tragödie aufführen zu können. Klaus Lehnert hatte ihr zum Beispiel erzählt, daß er nach dem 13. Februar nicht mehr so oft an seinen Vater habe denken müssen; weil er durch den Akt der Tötung die Vaterbindung gewaltsam zerschnitten habe, erklärte Renate Göltz. Plausibler ist die simplere Vermutung, daß Klaus Lehnert vom 13. Februar 1964 an von konkreteren Alpträumen geschüttelt wurde. Es wäre die Aufgabe eines psychiatrischen Sachverständigen gewesen, auf die Möglichkeit hinzuweisen, daß sich Klaus Lehnert erst unter dem Schock seiner Tat zu einem Gelegenheitskriminellen entwickelt haben könnte.

Es wäre in Wiesbaden die Aufgabe der psychiatrischen Sachverständigen gewesen, Klaus Lehnerts Richter darüber aufzuklären, daß der wohl kaum erwachsene Mensch, der Timo Rinnelt tötete, nicht mit dem Mann identisch ist, zu dem Klaus Lehnert in den Jahren zwischen seiner Tat und seiner Verhaftung geworden ist. Es wäre ihre Aufgabe gewesen, über die Schwierigkeit eines gerechten Urteils aufzuklären, die sich daraus ergibt, daß nur der Klaus Lehnert von heute exploriert werden konnte; denn es kann der Klaus Lehnert von heute nur für die Tat des Klaus Lehnert von damals bestraft werden und nicht für die Verwüstungen, die die Jahre seither in ihm angerichtet haben.

Die Explosion, die am 13. Februar 1964 Timo Rinnelt tötete und Klaus Lehnerts Leben zerstörte, hat keine bündigen Erklärungen ihrer Ursache und ihres Hergangs hinterlassen.

In seiner panischen Angst, entdeckt zu werden, entwickelte Klaus Lehnert nach dem 13. Februar 1964 Tugenden, die sich zuvor zu Besserem nicht eingestellt hatten. Zum ersten Male in seinem Leben nutzte er konsequent und unter Aufbietung einer ihm bis dahin fremden Energie seine Intelligenz; es fielen ihm, um seine Jäger in die Irre zu führen, dabei Finten ein, die ein Denkvermögen verraten, das den Anforderungen eines Abiturs allemal gewachsen gewesen wäre.

Zwischen 1964 und 1967 unternahm Klaus Lehnert einige ernste Versuche, eine Stellung nicht nur zu finden, sondern auch zu halten; in diesen Jahren stritt er auch um ein Mädchen, das er nicht verlieren wollte.

Aber er entkam dem Schatten nicht, der nun über seinem Leben lag.

Er sah sich gezwungen, ein Doppelleben zu führen, und er verstrickte sich dabei immer tiefer in die kriminellen Gewohnheiten, die zunächst nur seiner Tarnung dienten. Die Stellungen, die er antrat, verlor er, weil Diebstähle aufflogen; im Hause seiner Freundin griff er zu einem Armband. Verhaftungen folgten, Gefängnisstrafen; ein Verfahren ging in die Berufungsinstanz, weil er einen Diebstahl beharrlich bestritt: *Mir ging es darum, um keinen Preis ins Gefängnis zu kommen; im Gefängnis hätte ich die Geschichte mit dem Timo nicht verfolgen können, vielleicht hätte man ja in der Zeit dann die Leiche gefunden.* Als Klaus Lehnert am 24. Mai 1967 unter dem Verdacht des Mordes an Timo Rinnelt verhaftet wurde, hat die Wiesbadener Kriminalpolizei einen Menschen verhaftet, der am Ende war.

Am zweiten Tag des Prozesses gegen Klaus Lehnert traten drei Mädchen in den Zeugenstand, um über ihre Beziehungen zu Klaus Lehnert auszusagen, Norietta, die ihn nur ab und zu auf einer Party getroffen hatte, aber auch die Stiefschwestern Helga und Christa, die mehr mit Klaus Lehnert verbunden hatte und die darum nicht ohne Verlegenheit auftraten, um die Neugier vor allem des beisitzenden Landgerichtsrats zu stillen, dem sich Lockeres zusammenreimte: *Na, wo ging's denn hin in den Urlaub zu zweit?*

Und es drang tatsächlich so etwas wie das sündige Wiesbaden

in den Saal. Aktphotos sollten gemacht worden sein. *Jawohl,
Photos von meiner Tochter, Aktphotos, wenn Sie es genau wissen
wollen,* bekam der beisitzende Landgerichtsrat genau zu wissen.
Nicht nur mit Klaus Lehnert, auch mit einem seiner Brüder hatte
Helga geschlafen. Von noch schnelleren Autos als dem roten Sportwagen war die Rede, von Pillen und Alkohol, von Lockerem überhaupt: *Ich kam gerade von der Massage. Das war nachmittags, als
ich zum Reiten wollte. Ich war in Lugano, als ich es erfuhr. Auf
mein Personal kann ich mich hundertprozentig verlassen. Ich war
in unserer unteren Diele, an der mein Arbeitszimmer liegt. Es
führt eine Freitreppe in die obere Diele, in der saßen meine Frau
und meine Tochter und sahen fern.* Der beisitzende Landgerichtsrat bohrte, bis er erfuhr, daß in den Pillen kein Rauschgift und
die Pillensucht wohl auch keine Pillensucht war.

Für Augenblicke trat eine Dreieinfältigkeit der Zeugen, des beisitzenden Landgerichtsrats und des Angeklagten in Erscheinung,
die den Fall Klaus Lehnert vorübergehend zu einer Wiesbadener
Lokalposse aufheiterte, doch es zeigte sich dabei zugleich auch
Peinliches. Für Klaus Lehnert war der Umgang mit den Töch-
tern des Wiesbadener Zeitungsverlegers Harald Huck, an denen
er hing und die ihn mit dem Einverständnis ihrer Mutter als einen
zwar mittellosen, aber doch aus vielleicht noch besseren Kreisen
stammenden jungen Mann in das Haus mit der Diele unten und
der Diele oben einluden, kein Umgang, der ihm half.

Für Helga und Christa und ihre Eltern war Klaus Lehnert nach
allem nur noch ein ärgerliches Intermezzo, das es nach Kräften
zu verleugnen galt. Aus der Familie Huck kam der kühne Schwur,
Klaus Lehnert habe Timo Rinnelt im Februar 1964 ein fettes
Schweinchen genannt, das geschlachtet werden müsse, aber im
gleichen Atemzug auch der Satz, Klaus Lehnert gehöre den Lö-
wen vorgeworfen. Und der Zeitungsverleger Harald Huck titu-
lierte den Klaus Lehnert verteidigenden Rechtsanwalt Horst Rolf
Bauer so betont mit *Herr Bauer,* als bedürfe es nur eines Winkes

des Zeitungsverlegers, einen Herrn Bauer auch vor Gericht zum Schweigen zu bringen.

Für den beisitzenden Landgerichtsrat schließlich reimte sich das alles so sichtlich zu einem Vorurteil über Verbrecher wie Klaus Lehnert, feine Leute wie die Hucks und die moralischen Verpflichtungen eines beisitzenden Landgerichtsrates zusammen, daß sich plötzlich eine Antwort auf die Frage einzustellen schien, wie es am Ende zu Fällen wie dem Klaus Lehnerts und zu solchen Prozessen kommen kann und warum. Es sprach auf einmal die Infantilität, an der im Saal bis dahin nur der Angeklagte zu tragen schien, aus aller Munde.

Der Frankfurter Brandstifter-Prozeß

Viermal drei Jahre Zuchthaus für eine sinnlose Demonstration

In der Nacht vom 2. auf den 3. April 1968 brachen um Mitternacht in zwei Frankfurter Kaufhäusern drei Brände aus. Obwohl die Brände schnell entdeckt wurden und gelöscht werden konnten, ehe sie sich ausbreiteten oder gar auf die Gebäude übergriffen, entstand ein erheblicher Sachschaden, wenn auch bei weitem kein so erheblicher, wie die Lokalzeitungen am nächsten Morgen meinten, ein eigentlich gar nicht so erheblicher Sachschaden, sondern ein von Versicherungen gedeckter Schadensfall.

Er entstand vor allem in der Sportartikel- und Spielwaren-Abteilung der an der Zeil gelegenen Filiale der Kaufhauskette Kaufhof, die mit einer Sprinkleranlage ausgerüstet ist. Aber auch in dem ebenfalls an der Zeil gelegenen Kaufhaus Schneider, in dem im ersten Stock die Wand einer Umkleidekabine und im dritten Stock ein Schrank in Brand geraten waren, mußten im Zuge der Löscharbeiten Waren vernichtet oder beschädigt werden.

Noch in der gleichen Nacht ermittelte die Frankfurter Kriminalpolizei, daß in allen drei Fällen Brandstiftung vorlag, denn es gelang ihr, in der Umkleidekabine, auf dem angebrannten Schrank und auch in der Sportartikel- und Spielwaren-Abteilung des Kaufhauses Kaufhof Plastikflaschen und Reisewecker sicherzustellen, die unversehrt genug waren, um keinen Zweifel an der Ursache der Brände zu lassen.

Am 3. April 1968 entschlossen sich die betroffenen Kaufhäuser, für sachdienliche Hinweise, die zur Ergreifung und so weiter führen konnten, eine hohe Belohnung auszuschreiben, mit augenblicklichem Erfolg. Schon am 4. April 1968 ging bei der Frank-

furter Kriminalpolizei der vertrauliche Hinweis ein, der zur Verhaftung von Gudrun Ensslin, Andreas Baader, Thorwald Proll
und Horst Söhnlein führte.

*

Daten: Gudrun Ensslin, geboren am 15. August 1940. Andreas
Baader, geboren am 6. März 1943. Thorwald Proll, geboren am
22. Juli 1941. Horst Söhnlein, geboren am 13. Oktober 1943.
Weitere Daten: Oktober 1962, Spiegel-Affäre. 2. Juni 1967, die Er-
schießung des Studenten Benno Ohnesorg. 11. April 1968, Grün-
donnerstag. Es war sinnlos, am 2. April 1968 einen Schrank anzuzünden.
Und noch ein Datum: Am 29. Oktober 1968 forderte der Frankfurter Erste Staatsanwalt Walter Griebel für Gudrun Ensslin,
Andreas Baader, Thorwald Proll und Horst Söhnlein zusammen
vierundzwanzig Jahre Zuchthaus.

*

Um die Tendenz des Prozesses gegen Gudrun Ensslin, Andreas
Baader, Thorwald Proll und Horst Söhnlein, die sich in diesem
Strafantrag und dem ihm vorausgegangenen Plädoyer am deut-
lichsten niederschlug, ins rechte Licht zu setzen, genügt es, die
Rechtssituation zu schildern, die vorlag, als der Erste Staatsanwalt Walter Griebel die Stirn hatte, für ein paar verkohlte Sachen
vierundzwanzig Jahre Zuchthaus zu fordern.
Wer etwas ansteckt, was nicht ihm gehört und nach dem Willen
des Eigentümers auch nicht brennen soll, kann bestraft werden: wegen einfacher Sachbeschädigung, wegen versuchter einfacher Sachbeschädigung, wegen fahrlässiger Brandstiftung, wegen
einfacher Brandstiftung, wegen versuchter einfacher Brandstiftung, wegen schwerer Brandstiftung, wegen versuchter schwerer
Brandstiftung, wegen besonders schwerer Brandstiftung, wenn
der Brand ein Menschenleben gekostet hat.

Walter Griebel entschied sich für das Vorliegen einer vollendeten schweren Brandstiftung.

Einer vollendeten schweren Brandstiftung macht sich schuldig und mit Zuchthaus bis zu zehn Jahren wird bestraft, wer *vorsätzlich in Brand setzt 1. ein zu gottesdienstlichen Versammlungen bestimmtes Gebäude, 2. ein Gebäude, ein Schiff oder eine Hütte, welche zur Wohnung von Menschen dienen, oder 3. eine Räumlichkeit, welche zeitweise zum Aufenthalt von Menschen dient, und zwar zu einer Zeit, während welcher Menschen in derselben sich aufzuhalten pflegen.*

Die Erfüllung des Tatbestandes der schweren Brandstiftung setzt aber nicht nur voraus, daß es in einem Gebäude gebrannt hat, welches zeitweise zum Aufenthalt von Menschen dient, und nicht nur, daß es zu einer Zeit gebrannt hat, während welcher Menschen sich in ihm aufzuhalten pflegen, sondern darüber hinaus, daß zumindest ein wesentlicher Bestandteil des Gebäudes gebrannt hat, daß ein wesentlicher Bestandteil des Gebäudes nach dem Erlöschen des Brandsatzes selbständig gebrannt hat, und schließlich den Vorsatz des Täters, Menschen zu gefährden.

Was die Beweisaufnahme erbracht hatte: daß es in den Frankfurter Kaufhäusern gebrannt hat; daß es in den Frankfurter Kaufhäusern nicht von selber gebrannt hat; daß es in den Frankfurter Kaufhäusern um Mitternacht gebrannt hat; ein Geständnis der Angeklagten Gudrun Ensslin und Andreas Baader, die Brände im Kaufhaus Schneider gelegt zu haben.

Was die Beweisaufnahme nicht erbracht hatte: daß ein wesentlicher Bestandteil der Frankfurter Kaufhäuser gebrannt hat; was in den Frankfurter Kaufhäusern noch gebrannt hat, nachdem die Brandsätze erloschen oder gelöscht waren; in welchem Umfang es in den Frankfurter Kaufhäusern überhaupt gebrannt hat; einen sicheren Beweis dafür, daß die Angeklagten Thorwald Proll und Horst Söhnlein, die sich zur Sache nicht eingelassen hatten, an der Legung der Brände beteiligt waren; einen Hinweis darauf, wer den Brand im Kaufhaus Kaufhof gelegt hat; den Nachweis, daß die Angeklagten Gudrun Ensslin und Andreas Baader Brände gelegt hatten, um Menschen zu gefährden.

Walter Griebel war gezwungen, zu einer außerordentlich freien Beweiswürdigung zu schreiten.

Zunächst kam es darauf an, wesentliche Bestandteile der Kaufhäuser Schneider und Kaufhof in Brand zu setzen.

Walter Griebel nahm sich die Freiheit, den Parkettfußboden in der vierten Etage des Kaufhauses Kaufhof anzuzünden, der in Wahrheit nur unter den aufglimmenden Teppichen gelitten hat. Außerdem zündete er eine feuerfeste Säule an, an der allenfalls die Tapete gebrannt haben kann. Überhaupt erwies sich der Erste Staatsanwalt Walter Griebel als rechter Feuerteufel: Wo es wahrscheinlich nur gequalmt hat, schlugen ihm die Flammen hoch, und wo schon gelöscht war, hörte es für ihn noch lange nicht auf, wesentlich zu brennen.

Denn schließlich, sagte Walter Griebel, *schließlich hätte die ganze Frankfurter Innenstadt abbrennen können!*

Nachdem es gebrannt hatte, kam es darauf an, die um Mitternacht brennenden Kaufhäuser zu bevölkern.

Das weiß doch jeder, sagte Walter Griebel, *daß sich nachts in Kaufhäusern Menschen aufhalten.*

Die Einlassung der Angeklagten Gudrun Ensslin und Andreas Baader, es nicht gewußt zu haben, sei, sagte er, eine bloße Schutzbehauptung. Es habe überdies, sagte er, in der Absicht der Angeklagten gelegen, nicht nur zwei Kaufhäuser, sondern womöglich die ganze Frankfurter Innenstadt in Brand zu setzen. Und er schob den Angeklagten die Parole unter: *Je größer der Brand, desto größer der Erfolg!*

Und so weiter:

Die Angeklagten Thorwald Proll und Horst Söhnlein seien der vollendeten schweren Brandstiftung überführt, sagte Walter

Griebel, weil sie zusammen mit Gudrun Ensslin und Andreas Baader *in einem Auto* nach Frankfurt gefahren seien.

Es gab, sagte er, für die vier Angeklagten keinen anderen vernünftigen Grund, nach Frankfurt zu fahren, als den, in Frankfurt Kaufhäuser anzuzünden.

Außerdem spreche für die Schuld auch der Angeklagten Thorwald Proll und Horst Söhnlein, daß sie in Frankfurt eine gemeinsame Unterkunft bewohnt hätten, vor allem aber die gemeinsame politische Überzeugung der vier Angeklagten.

Diese gemeinsame politische Überzeugung sei es auch, fügte er hinzu, die es notwendig erscheinen lasse, eine harte Strafe zu verhängen: *Es gibt nicht wenige junge Leute, die die politischen Ansichten der Angeklagten teilen!* Und noch einmal ließ Walter Griebel, allen zur Warnung, Frankfurts Innenstadt in Schutt und Asche fallen.

Das unter dem Vorsitz des Landgerichtsdirektors Gerhard Zoebe gegen Gudrun Ensslin, Andreas Baader, Thorwald Proll und Horst Söhnlein zusammengetretene Schöffengericht einer Frankfurter Großen Strafkammer würdigte die ihm vorgelegten Beweise nicht ganz so frei und nahm statt einer vollendeten schweren Brandstiftung nur das Vorliegen einer versuchten menschengefährdenden Brandstiftung an.

Es folgte zwar der Empfehlung Walter Griebels, in Bezug auf die Angeklagten Thorwald Proll und Horst Söhnlein nach dem Grundsatz mitgefangen, mitgehangen zu verfahren, aber es widersprach seiner Ansicht, daß den Angeklagten der Brand in der vierten Etage des Kaufhauses Kaufhof zur Last gelegt werden könne.

Es hielt sich an die Einlassungen der Angeklagten Gudrun Ensslin und Andreas Baader und begnügte sich hinsichtlich der Frage, in welchem Umfang es im Kaufhaus Schneider gebrannt hat, mit der Feststellung, daß es gebrannt habe und darum auch schlimmer hätte brennen können.

Das war eine Lösung, die der in Walter Griebels Plädoyer ans Licht getretenen Tendenz zu einem Urteil verhalf, das sie wahrte, ohne sie der Gefahr einer sicheren Revision auszusetzen.

Am 31. Oktober 1968 maß Gerhard Zoebe die Strafen zu: drei Jahre Zuchthaus für Gudrun Ensslin, drei Jahre Zuchthaus für Andreas Baader, drei Jahre Zuchthaus für Thorwald Proll, drei Jahre Zuchthaus für Horst Söhnlein.

Damit war das Marschziel des Prozesses, den vier Angeklagten auf Biegen und Brechen mit einer drastischen Strafe zu kommen, weil es galt, einen Angriff auf die herrschende Ordnung zu ahnden, im Rahmen des juristisch vielleicht noch eben Möglichen erreicht.

*

Als Gerhard Zoebe Gudrun Ensslin fragte, ob sie von ihrem Recht Gebrauch machen wolle, ein Schlußwort zu sprechen, sagte Gudrun Ensslin:

Nein. Ich will Ihnen nicht die Gelegenheit geben, den Eindruck zu erwecken, als hörten Sie mir zu.

Gudrun Ensslin hatte begriffen, daß die gegen sie und ihre Freunde gerichtete Justizveranstaltung eine Inszenierung war, in der ihr Schlußwort nicht interessierte.

Als Gerhard Zoebe das Urteil begründete und dabei, wie schon während der Verhandlung, in der alle Anträge der Verteidiger, die darauf drangen, den politischen Zusammenhang in das Verfahren einzuführen, in dem diese Kaufhausbrandstiftung gesehen werden muß, als unerheblich abgelehnt wurden, die Politik weit hinten in der Türkei ließ, als Gerhard Zoebe erklärte, verhandelt worden sei nicht eine politische Sache, sondern eine kriminelle, als er, um sein Urteil zu begründen, außer acht setzte, daß es ein politischer Konflikt war, der sich hier in einer nur scheinbar gewöhnlichen Straftat entladen hatte, war der Beweis erbracht, daß in diesem Verfahren das Schlußwort der Angeklagten nicht interessierte, daß es sich bei der Hauptverhandlung gegen Ensslin und andere um eine Veranstaltung gehandelt hat, in der sich die Gewaltenteilung als eine Verteilung der Aufgabe darstellte, die zum Schutz der herrschenden Ordnung notwendige Gewalt auszuüben.

*

Im Rahmen des juristisch ebenfalls Möglichen hätte das Schöffengericht in Frankfurt auch zu dem Schluß kommen können, die Angeklagten Thorwald Proll und Horst Söhnlein mangels Beweises freizusprechen und Gudrun Ensslin und Andreas Baader nur wegen einfacher Sachbeschädigung zu verurteilen.
Es hätte sich dann allerdings die wunderliche Situation ergeben, daß das Gericht das Verfahren gegen Ensslin und andere hätte einstellen müssen.
Walter Griebel nämlich hat es unterlassen, sich für eine solche Wende des Prozesses zu wappnen. Es lag, als die Hauptverhandlung begann, kein Strafantrag der betroffenen Kaufhäuser vor, der es Walter Griebel erlaubt hätte, die Angeklagten dann wenigstens noch der einfachen Sachbeschädigung anzuklagen; und da fragt sich dann nun wirklich jeder, warum.
Ich glaube nicht, daß Walter Griebel die antragsberechtigten Kaufhäuser darum gebeten hat, keinen Strafantrag zu stellen und die dafür vorgeschriebene Frist verstreichen zu lassen, um eine Einstellung des Verfahrens gegen Ensslin und andere aus verfahrensrechtlichen Gründen vorzubereiten.

*

Es ist in der Ordnung, daß sich die Ordnung gegen die Unordnung verteidigt, daß sich die herrschende Ordnung gegen den Versuch verteidigt, sie abzuschaffen; wer die herrschende Ordnung stört, muß damit rechnen, daß sie zuschlägt, wenn sie kann. Darum war es sinnlos, am 2. April 1968 eine fremde eigene Sache anzuzünden; nichts anderes konnte damit demonstriert werden.

Außerdem erfüllte diese politisch so verzweifelte wie blinde Aktion tatsächlich den Tatbestand einer vorsätzlichen Menschengefährdung, wenn auch nicht im Sinne des Urteils, das gegen Gudrun Ensslin, Andreas Baader, Thorwald Proll und Horst Söhnlein ergangen ist: Sie setzte Gudrun Ensslin, Andreas Baader, Thorwald Proll und Horst Söhnlein der Gefahr aus, drei Jahre ihres Lebens in einem Zuchthaus verbringen zu müssen. Kein Zweck konnte eine solche Menschengefährdung als Mittel heiligen; kein Zweck kann das Mittel der Gefährdung eines Menschen heiligen.

*

Abgesehen aber auch noch davon, daß sich das Entzünden eines Feuers in einem Kaufhaus als Mittel der politischen Auseinandersetzung schon darum nicht empfiehlt, weil es sich dabei um eine strafbare Handlung handelt, die in jedem Falle den Menschen gefährdet, der sie begeht, daß es sinnlos ist, der Justiz eine Gelegenheit zu bieten, ein zu drastisches Exempel im Sinne der herrschenden Ordnung zu statuieren, war es sinnlos, am 2. April 1968 in einem Frankfurter Kaufhaus einen Schrank anzuzünden; ein brennendes Kaufhaus verändert eine Gesellschaft nicht, die es im Bedarfsfall selber an allen Ecken und Enden brennen läßt, und ein verbranntes Kaufhaus ist nur so gut wie ein neues Kaufhaus.

Es gibt Gesetze, deren Übertretung weniger gefährlich und doch politisch wirksamer ist.

Die Justiz ist kein Papiertiger

Der Frankfurter Prozeß gegen den Theologiestudenten Christian Boblenz (I)

Frankfurt am Main

Als ungefähr acht berittene Polizisten ihn umzingelt hatten und der Oberkommissar zu Pferde Leo Haßner, dessen Lust an diesem Einsatz ein Photo zufällig, aber klar überliefert hat, auf ihn einschlug, griff der neunundzwanzigjährige Theologiestudent Christian Boblenz zu einem Brett, um wenigstens nicht niedergeritten zu werden. Seine Erklärung: *Ich hatte Angst.*

Der Vorfall trug sich am Ostermontag 1968 in Frankfurt im Zuge eines Polizeieinsatzes zu, den Zeugen als besonders übel geschildert haben. Fünfzig bis sechzig Demonstranten hatten sich in der Nähe der Galluswarte auf der Straße niedergelassen; dabei kehrten sie einem von der Polizei errichteten Stacheldrahtverhau den Rücken zu. Nur wenigen gelang es, dem plötzlichen Knüppelangriff der Polizei unverletzt zu entkommen.

Der Lehrer Hans-Peter Kostencki: *Ich bekam – von ich weiß nicht, waren es fünf, sechs, sieben, acht Polizisten – wenigstens dreißig Schläge. Ich war allein da, ich hatte mich nicht gewehrt, ich hatte nur versäumt, rechtzeitig aufzuspringen und wegzulaufen. Zunächst wollte ich irgendein Wort der Erklärung sagen, aber als die Prügel immer mehr wurden, lag ich nur da und schrie: »Hilfe! Hilfe!« in der Hoffnung, daß damit zumindest dem Prügeln ein Ende gemacht wird. Aber ich wurde auch, obwohl ich völlig wehrlos dalag, geprügelt am ganzen Körper, auch ins Gesicht...*

Andere Zeugen: *Ich konnte nicht schnell genug aus dem Bereich der Schlagstöcke flüchten und wurde laufend geprügelt, obwohl sichtbar war, daß ich angeschlagen und auf der Flucht war. Die*

Polizei trieb uns ungefähr fünfzig Meter weit, als ungefähr fünfzehn Reiterpolizisten anpreschten und ohne vorherige Warnung auf alle Nichtuniformierten einschlugen, auch auf die Zuschauer. Eine wahre Hetzjagd begann... Ich habe gesehen, wie bei der Verfolgung von Demonstranten ein Polizist einen großen Stein aufhob und aus ganz kurzer Entfernung einem jungen Mann ins Gesicht warf... Ein zurückgebliebener Demonstrant wurde durch die Polizei gestellt. Ohne daß er die Beamten provoziert hätte oder sich gar zur Wehr gesetzt hätte, wurde er brutal zusammengeschlagen. Sechs oder sieben Beamte standen um den Liegenden herum, schlugen und traten unkontrolliert auf ihn ein. Ein Polizist trat immer wieder in die Nieren- und Leistengegend, ein zweiter spezialisierte sich auf das Hinterteil. Kopf und Gliedmaßen wurden unentwegt getroffen.

Christian Boblenz wurde festgenommen. Die Anklage lautet: Aufruhr, Auflauf, Landfriedensbruch. Das vom Strafgesetzbuch vorgesehene Strafmaß: Gefängnis nicht unter sechs Monaten, Zuchthaus bis zu zehn Jahren. Die im Augenblick weder von hinreichenden Reformvorstellungen des Gesetzgebers noch von vernünftigen Richtern entscheidend bedrohte Institution Justiz ist dabei, im Schutze der eingeschränkten Öffentlichkeit, die sich dazu herstellt, im Schutze der Fiktion des unabhängigen Richters, im Schutze einer allgemeinen Ahnungslosigkeit also, das berechtigte Aufbegehren zu ahnden, das sich nach dem Attentat auf Rudi Dutschke gegen das Verlagshaus Axel Springer richtete; sie ist dabei, in aller Ruhe die ihr zur Verfügung stehenden vorkonstitutionellen Landfriedensbruch-Aufruhr-und-Auflauf-Gesetze anzuwenden und ordnungsgemäß die Brutalität der Polizeieinsätze zu Ostern in den Schatten zu stellen.

*

Der Fall Christian Boblenz zum Beispiel:
Es ist zu fürchten, daß Christian Boblenz das zweite Opfer der
Hauptverhandlung gegen Christian Boblenz werden wird, vor
allem dann, wenn ihr erstes, der achtundfünfzigjährige Amtsgerichtsdirektor Hans Pietsch, ein kleiner nervöser Mann, der dazu neigt, seine Urteilsbegründungen mit Formulierungen wie
nach Herkunft und Veranlagung minderwertig zu zieren, aber
offenbar auch dazu, nach dem Frühstück zunächst einmal den
Kopf zu verlieren, ihr weiterhin vorsitzen wird: Hans Pietsch
war der Sache, die er verhandeln sollte, so wenig gewachsen, daß
er bisher kaum dazu kam, sie zu verhandeln.
Einige Hundertschaften Bereitschaftspolizei hatte die Frankfurter Justizverwaltung am vergangenen Freitag aufgeboten, um vielleicht fünfzig Studenten unter Kontrolle zu halten, um die Ruhe
in einem Sitzungssaal zu gewährleisten, der vielleicht dreißig Zuhörer faßt; Hans Pietsch verlor dennoch den Kopf, als er vor
dem Beginn der Verhandlung unter den Zuhörern ein Mädchen
entdeckte, das rauchte.
Schrill befahl er die sofortige gewaltsame Entfernung *dieser Person da*, die auch augenblicklich von fünf oder sechs willigen Be-
reitschaftspolizisten vollstreckt wurde, an einer Photographin
der *Frankfurter Allgemeinen Zeitung* gleich mitvollstreckt wurde, weil sie es gewagt hatte, die Szene zu photographieren, auch
an der Berichterstatterin der *Frankfurter Allgemeinen Zeitung*
vollstreckt wurde, deren gewaltsame Entfernung Hans Pietsch
befahl, weil sie es gewagt hatte, die Pressebank zu verlassen und
ihn anzusprechen, schließlich auch noch an einem Gerichtsrefe-
rendar vollstreckt wurde, der zufällig im Wege saß; die sich an
diese Vorfälle anschließenden Anträge der Verteidigung, Hans
Pietsch wegen der Besorgnis der Befangenheit von der weiteren Leitung des Verfahrens zu entbinden, wurden zurückge-
wiesen.
Fünf Stunden nach seinem ersten Auftritt an diesem Tag konnte

Hans Pietsch, noch immer sichtlich erregt und noch immer deutlich entschlossen, die leidige Sache auf Kosten des Angeklagten auszufechten, aber unbefangen zum ersten und zum zweiten, zur Vernehmung eines Zeugen schreiten; er werde sich *nicht eine einzige Störung mehr bieten lassen.* Fünf Stunden nach seinem ersten Auftritt an diesem Tag saß auf dem Stuhl des Vorsitzenden ein kleiner Mann, ein treuer, leidlich bezahlter Diener seiner Justiz seit 1943.

*

Was Christian Boblenz von Hans Pietsch zu erwarten hat, verrät das Vorurteil, das Hans Pietsch am 30. April 1968 formulierte, als er es ablehnte, die Strafsache Boblenz einem beschleunigten Verfahren anheimzugeben:

Die Sache ist zur Aburteilung im beschleunigten Verfahren nicht geeignet. Zwar ist zur Bekämpfung der politischen Ausschreitungen, wie sie die bezeichneten Osterkrawalle darstellen, auch eine besondere Beschleunigung der betreffenden Strafverfahren geboten, obschon es die pflichtgemäße Aufgabe der Exekutive gewesen wäre, die Ausschreitungen, die eindeutig gegen den Bestand des Grundgesetzes gerichtet waren, mit allen zu Gebote stehenden Mitteln bereits im Keime zu ersticken. Indessen könnte aber hier das Gebot der besonderen Beschleunigung des Verfahrens mit rechtsstaatlichen Grundsätzen, nämlich der leidenschaftslosen Ergründung der Wahrheit und mit dem Anspruch des Angeschuldigten auf Wahrung seiner Rechte in Widerspruch geraten. Die dem Angeschuldigten zur Last gelegten Taten wiegen besonders schwer, und die Sache und Rechtslage ist keineswegs einfach.

Ein unabhängiger Richter kann eben auch dazu nicht gezwungen werden, sich über die Sache, die er zu verhandeln hat, ausreichend zu informieren; es genügt, daß er feststellt, ausreichend informiert zu sein. Hans Pietsch lehnte den Antrag der Verteidigung ab, zur Klärung des politischen Hintergrundes der Osterdemonstrationen den Bericht der Günther-Kommission über die Gefahr der Presse-Konzentration in der Bundesrepublik in die Hauptverhandlung gegen Christian Boblenz einzuführen, obwohl er wenige Augenblicke zuvor zunächst einmal hatte nachfragen müssen, von *was für einem Bericht bitte*, von *welcher Kommission bitte* die Verteidigung spreche.

*

Die einstweilige Bilanz der Hauptverhandlung gegen Christian Boblenz: Christian Boblenz wurde zweimal aus nichtigem Anlaß zu einer Ordnungsstrafe von drei Tagen Haft verurteilt. Der Prozeß wird, wenn nicht doch noch ein richterlicher Kollege des Herrn Amtsgerichtdirektors Pietsch sich bewegen läßt, dem Mann den Vorsitz in diesem bisher empörenden Verfahren zu entziehen, am 27. Januar 1969 fortgesetzt werden.

Es wird verurteilt – auf Biegen und Brechen

Der Frankfurter Prozeß gegen den Theologiestudenten Christian Boblenz (II)

Am Morgen des dritten Tages der Hauptverhandlung gegen den neunundzwanzigjährigen Theologiestudenten Christian Boblenz, dem die Anklage Aufruhr, Auflauf und schweren Landfriedensbruch vorgeworfen hatte, war der ihr vorsitzende Amtsgerichtsdirektor Hans Pietsch, der an den vorausgegangenen Verhandlungstagen mehr um sich geschlagen als verhandelt hatte, kaum wiederzuerkennen. Hans Pietsch hatte die Lektion begriffen, die sein Kollege wenige Tage zuvor in der Verhandlung gegen Daniel Cohn-Bendit erteilt hatte. Hans Pietsch hatte begriffen, daß es das Urteil ist, das zählt; daß ein Richter ein Verhandlungsgeplänkel, aber nicht die Verhandlung verlieren, daß niemand einen Richter daran hindern kann, zu einer hinreichend freien Beweiswürdigung zu schreiten, wenn er verurteilen will, daran, den letzten, den entscheidenden Schlag zu führen: Am 28. Januar 1969 wurde Christian Boblenz, obwohl ihm nicht zu widerlegen war, daß er am Ostermontag 1968 in einer Notwehrsituation gehandelt hat, des Landfriedensbruchs und des Aufruhrs schuldig gesprochen und zu sieben Monaten Gefängnis verurteilt.

Der Dürftigkeit der gegen Christian Boblenz beigebrachten Beweise trug das Gericht lediglich insofern Rechnung, als es die Strafe zur Bewährung aussetzte.

Es ist nur noch Augenwischerei, Urteile wie dieses mit dem Hinweis zu kommentieren, daß auch einige vernünftige Urteile gefällt worden sind, auch in Frankfurt am Main. Die angeklagten Demonstranten stehen nicht einigen einsichtigen Richtern, sondern einer Institution gegenüber, die sich ihre vorkonstitutionellautoritäre Struktur gegen alle Reformversuche bewahren konnte; die Generallinie der Verfahren gegen Demonstranten beginnt sich gefährlich zu konsolidieren. Es wird auf Biegen und Brechen verurteilt. Es werden Unschuldige verurteilt. Es werden brutale Strafen verhängt und vollstreckt. Und es nimmt die Zahl der Richter deutlich zu, die die Anwendung der ihnen zur Verfügung gestellten Gewalt wieder einmal bedenkenlos den Forderungen der Exekutive anpassen und so in eine politische Auseinandersetzung eingreifen, ohne diese selber ausreichend zu reflektieren.

*

Die Osterdemonstrationen gegen das Verlagshaus Axel Springer waren eine unmittelbare Folge des Attentats auf Rudi Dutschke, die spontane, öffentliche Reaktion einer politisch aufgeklärten Minderheit, die keine Chance hatte, sich der von Zeitungen des Verlagshauses Axel Springer gegen sie betriebenen Hetze publizistisch zu erwehren; sie waren aber auch die mittelbare Folge einer Entwicklung, die zu einer massiven Gefährdung der Pressefreiheit in der Bundesrepublik geführt hatte, ohne daß ein angemessenes Einschreiten der verfassungsmäßigen Organe abzusehen war. Das Ziel der Demonstration war eine kurzfristige Behinderung der Auslieferung von Springer-Zeitungen; es sollte eine verschärfte parlamentarische Kontrolle der Pressekonzentration in der Bundesrepublik erzwungen werden.
In verschiedenen Städten kam es zu unverhältnismäßig harten Polizeieinsätzen, die eine sofortige Eskalation der Auseinandersetzung nach sich zogen; im Auftrag der Innenministerien prügelten Polizeihundertschaften den Zeitungswagen Axel Springers die Straße frei. Dazu ist wohl zu sagen, daß zu Lasten der Erfüllung des Verfassungsgebotes, die Grundrechte aller Bürger zu schützen, das Besitzinteresse eines einzelnen geschützt wurde.
Die Urteile, die nun gegen die Teilnehmer an den Osterdemon-

strationen ergehen, bevor das Bundesverfassungsgericht diese Rechts-Kollision kommentiert hat, verquicken erneut das Staatsinteresse mit dem Interesse Axel Springers; sie sind schon darum unerträglich.

Das Verfahren gegen Christian Boblenz zeigte darüber hinaus, daß die Tendenz der Justiz, an einigen Osterdemonstranten ein Exempel zu exekutieren, sich nicht in der Weigerung erschöpfen muß, den politischen Hintergrund der Osterdemonstrationen zur Urteilsfindung heranzuziehen, zum Beispiel zu erwägen, daß die Osterdemonstrationen tatsächlich zu einer verschärften Kontrolle des Springer-Konzerns geführt haben.
Indem das unter dem Vorsitz des Amtsgerichtsdirektors Hans Pietsch zusammengetretene Gericht sich bereit zeigte, von erwiesenen und in die Hauptverhandlung eingeführten Tatsachen abzusehen, um zu einer Verurteilung dieses Angeklagten kommen zu können, dem eigentlich nur nachgewiesen werden konnte, daß er die politischen Ansichten seiner Richter und des in das Verfahren verwickelten Staatsanwaltes nicht teilt, entsprach es auch direkt der politischen Diffamierung, die ein Anlaß der Osterdemonstration war.

*

Hans Pietsch stützte den Schuldspruch des Gerichts vor allem auf die Aussage ausgerechnet jenes Mannes, der von allen Zeugen, die zu hören waren, als einziger einen triftigen Grund hatte, den Angeklagten zu belasten, auf die noch dazu in entscheidenden Punkten widerlegte zweifelhafte Aussage des Oberkommissars Leo Haßner. Die Aussagen der den Angeklagten entlastenden zivilen Zeugen fielen ihm nicht ins Gewicht; ihnen wurde generell eine polizeifeindliche Haltung unterstellt, ihre Vereidigung unterblieb mit der Begründung, sie seien der Beteiligung verdächtig.

Als Christian Boblenz am Ostermontag 1968 den Schauplatz jenes Polizeieinsatzes betrat, dem er schon wenige Augenblicke später zum Opfer fiel, war es der Polizei und vor allem der Reiterstaffel des Oberkommissars Leo Haßner bereits gelungen, die Demonstration in der Nähe der Galluswarte, auf die sie angesetzt worden war, zu zerschlagen. Christian Boblenz sah nur noch, daß Polizisten zu Fuß und zu Pferde ohne ersichtlichen Grund einzelne Demonstranten und Zuschauer jagten und niederknüppelten; übereinstimmend erklärten die zivilen Zeugen, unter ihnen ein Geistlicher, der so sinnlose wie mörderische Einsatz der Polizei habe zu diesem Zeitpunkt bereits eine allgemeine Notwehrsituation geschaffen.

Ein Zeuge sagte aus, er habe gesehen, daß ein Polizist ein Ehepaar, das sich mit seinem Kind in eine Telephonzelle geflüchtet hatte, aus der Zelle prügelte. Ein anderer Zeuge, der sich ebenfalls nicht an der Demonstration beteiligt hatte, sagte aus, ein Polizist habe ihn wie von Sinnen, sein Pferd am Zügel ziehend, in einen Vorgarten verfolgt und dort zusammengeschlagen. Ein Zeuge sagte aus, er habe gesehen, daß ein berittener Polizist wiederholt mit dem Knüppel auf den unbedeckten Kopf eines Mädchens einschlug, das in seiner Angst in die Zügel des auf sie einreitenden Pferdes gegriffen hatte. Es ist nicht ausgeschlossen, daß es sich bei diesem Polizisten um den Oberkommissar Leo Haßner gehandelt hat; sicher ist, daß Leo Haßner ein Interesse daran haben muß, nachträglich von Frankfurter Richtern zu erfahren, sein Einsatz am Ostermontag habe sich gegen Landfriedensbrecher und Aufrührer gerichtet, denn sicher ist auch, daß er sich gegen unbeteiligte Zuschauer, gegen flüchtende Demonstranten, gegen harmlose Mädchen richtete.

Auch Christian Boblenz wurde von Leo Haßner und einigen seiner Reiter angegriffen. Er habe versucht, sagte Christian Boblenz aus, sich mit einem Baubrett davor zu schützen, niedergeritten zu werden. Es handelte sich um ein unhandliches, langes und schweres Brett; wie Christian Boblenz es geschafft haben soll, mit diesem Brett *mehrmals auf das Pferd des Zeugen Haßner einzustechen*, wie das Urteil feststellt, blieb unerfindlich. Christian Boblenz ließ das Brett fallen und sprang in einen Baugraben. Dort habe er, sagte er aus, zum zweitenmal zu einem Brett gegriffen, diesmal habe es sich eher um eine Latte gehandelt; seine Absicht sei es gewesen, diese Latte jemandem zuzuwerfen, der ebenfalls überritten zu werden drohte. In diesem Augenblick wurde Christian Boblenz von einem Polizisten zu Fuß verhaftet.

*

Die Anklage gegen Christian Boblenz vertrat jener Staatsanwalt Wolfgang Uchmann, dessen trauriger Ruf sich vor allem auf sein zweimaliges Auftreten gegen Daniel Cohn-Bendit gründet; Wolfgang Uchmann war es, der sich den klassischen Lapsus leistete, Heinrich Hannover mit der Bemerkung *Sie sind doch ein deutscher Rechtsanwalt* anzufahren.

Aber mit dem traurigen Ruf eines Staatsanwalts ist es meist so eine Sache; er lenkt ab. Zu oft gerät darüber in Vergessenheit, daß es nicht die traurigen Staatsanwälte sind, die einen Prozeß entscheiden, auf der anderen Seite aber solche Staatsanwälte auch die Schlappen nicht erleiden, die sie verdienen. Wolfgang Uchmann zum Beispiel ist ein erfolgreicher Staatsanwalt; in den Demonstranten-Verfahren, in denen er auftrat, schnitt er mit seinen Strafanträgen durchweg besser ab als die betroffenen Verteidiger, die auf ihren wohlbegründeten Freispruch-Anträgen sitzenblieben.

Wie gegen Daniel Cohn-Bendit verlas Wolfgang Uchmann auch gegen Christian Boblenz ein Plädoyer, das die Beweislage eisern ignorierte.

Wolfgang Uchmann wies darauf hin, daß die arbeitende Bevölkerung ein Recht darauf habe, den Angeklagten Christian Boblenz im Gefängnis zu wissen; von *diesen Elementen*, von *Stück Demonstranten* sprach er. Der Angeklagte sei überführt, sagte

er, dem Zeugen Haßner, der *mit der Wahrheit besonders vorsichtig* umzugehen pflege, sei in vollem Umfang Glauben zu schenken. *Wieso,* fragte er, *sollte ein Polizist lügen? Wieso,* fragte er, *sollte sich ein friedlicher Demonstrant überhaupt gegen einen Polizeibeamten wehren müssen?*
Die erwiesene Tatsache, daß Polizeibeamte manchmal ohne Warnung auch über friedliche Demonstranten herfallen, schloß er als unmöglich aus; es seien seitens der Demonstranten an jenem Abend von Anfang an Steine und Flaschen geworfen worden, behauptete er wie sein Zeuge Haßner, obwohl der Zeuge Haßner der einzige Zeuge war, der dahingehend halluziniert hatte. Nur darum sei der *vielleicht ein wenig forsche* Einsatz der Polizei erfolgt.
Über *diese Pressekonzentration,* sagte Wolfgang Uchmann schließlich noch, könne man denken, wie man wolle, aber es gehe nicht an, gegen sie zu demonstrieren, es gehe nicht an, einem Zeitungsverlag *eine andere Meinung aufoktroyieren* zu wollen. Wer gegen Springer etwas einzuwenden habe, sagte er, der solle doch gefälligst eine eigene Zeitung gründen: *Gründen Sie doch eine Zeitung, Herr Boblenz!* Wolfgang Uchmann forderte ein Jahr Gefängnis.

*

Auch Hans Pietsch verriet sich, als er das Urteil mündlich begründete, wiederholt schon durch seine Diktion: Von der notwendigen *Unterwerfung* des Staatsbürgers sprach er, von einer *gewitzten* Polizei, von einer erfolgten *Zerstreuung* von Demonstranten; schließlich kam ihm noch der sonderbare Einfall, die über das Urteil empörten Zuhörer darauf hinzuweisen, es habe gegen Christian Boblenz kein *Inquisitionsprozeß* stattgefunden. Mühelos war zu entdecken, daß auch auf dem Stuhl des Vorsitzenden ein Opfer des Apparates saß, der es an sich hat, auch seine treuesten Diener nicht zu schonen; das Opfer einer alles in allem noch vorwissenschaftlichen, autoritätsfixierten Ausbildung, die ihre Objekte weniger bildet als diszipliniert, einer Laufbahn, die dem, der sie einschlägt, ständige Subordination abverlangt, einer Tradition schließlich, die unter der Oberfläche scheinbar demokratischer Regelungen vordemokratische Denkweisen konserviert. Hans Pietsch repräsentierte nach Kräften das Elend seiner Justiz, deren endliche Humanisierung noch immer aussteht, die zur Aufrechterhaltung der jeweils herrschenden Ordnung noch immer bereit ist, Unterdrückung zu praktizieren.

*

Daß das Urteil gegen Christian Boblenz eine Verhandlung beschloß, die an ihrem dritten Tag von einem Richter geleitet wurde, der nichts unversucht ließ, dem Verfahren eine Aura von Nachsicht zu verleihen, den Anschein zu erwecken, als sei ihm an einer inhaltlichen Entkriminalisierung des Verfahrens gelegen, während es ihm in Wahrheit nur darum ging, dem Beispiel seines Kollegen Grabert nachzueifern, um eine nur formal sachliche Verhandlung, nur darum, weiteren Störungen auf dem bequemsten Wege auszuweichen, stellt den Zusammenhang her, in dem die von der Presse in der Regel als *sinnlos und ungezogen* denunzierten Versuche der Außerparlamentarischen Opposition gesehen werden müssen, Verhandlungen, die unbemerkt über die Bühne zu gehen drohen, wenigstens zu einer angemessenen öffentlichen Beachtung zu verhelfen.
Es ist leider so: Verhandlungen, in denen namenlose Demonstranten zu ein paar Monaten Gefängnis verurteilt werden, sind für die Presse nicht interessant, es sei denn, sie lassen handfeste Störungen erwarten; die Störung einer solchen Verhandlung ist darum weder sinnlos noch bloß ungezogen, sie ist ein ohnmächtiges, aber im Augenblick das einzige Mittel, der politischen Isolierung und Kriminalisierung dieser Angeklagten, dem Unrecht entgegenzutreten, das an ihnen vollstreckt werden soll.

In eigener Sache

Es war ein Euphemismus, von einem Verfall der inneren Pressefreiheit in den von Axel Springer abhängigen Redaktionen zu
sprechen; was da angeblich zerfiel, hat es prinzipiell nie gegeben;
die Kategorie Pressefreiheit selber ist, liberal verstanden, ein Euphemismus, jenem ähnlich, der ausgerechnet die freie Mitarbeiter
nennt, deren Freiheit sich oft darin erschöpft, sich einen Brief-
kasten aussuchen zu dürfen.
Auch war es falsch, nur von Axel Springer zu sprechen; die Zeitungen Axel Springers waren lediglich früher als andere Zeitungen so frei, sich offen auf die Seite des Systems zu schlagen;
sie ausschließlich darum anzugreifen, war eine systemkonforme
Interpretation der Tendenz ihrer Praxis.
Die Kampagne der Studenten gegen das Verlagshaus Axel Springer war darum über den konkreten Anlaß hinaus eine Kampagne
gegen den Verkaufsjournalismus überhaupt, eine Kampagne auch
gegen den *Spiegel*, eine Kampagne auch gegen *konkret*; wirkliche
Pressefreiheit ist nicht schon dadurch garantiert, daß einige voneinander unabhängige systemabhängige Verleger die Freiheit genießen, einige voneinander unabhängige systemabhängige Mei-
nungen zu vertreiben.
Der Kampf gegen die Verschleierung der herrschenden Verhältnisse, die von den herrschenden Massenmedien besorgt wird,
kann sich nicht damit begnügen, dieser Verschleierung punktu-
ell entgegenzuarbeiten, sondern muß sich als ein Kampf unmittelbar gegen die herrschenden Verhältnisse verstehen.
Das heißt allerdings nicht, daß es richtig wäre, auf die sich noch
bietenden Möglichkeiten zu verzichten, diesem Kampf Öffentlichkeit zu verschaffen, nur weil die Profitinteressen einiger Verleger vorläufig noch dahin gehen, sie zu bieten; *konkret* ist zwar

prinzipiell weniger eine linke als eine opportunistische Zeitung, tendenziell aber doch eine linke. Daß Klaus Rainer Röhl der Verleger einer Publikumszeitung bleiben will, von der es sich leben läßt, kann ihm nicht vorgeworfen werden, solange er versucht, auch der Verleger einer linken Zeitung zu bleiben; der Rest ist praktische Arbeit.

*

Es wäre fahrlässig, die sich noch bietenden Möglichkeiten, an der Herstellung einer gewissen Gegenöffentlichkeit zu arbeiten, nicht zu nutzen.

Der sich zunehmend und konsequent verschärfende Kampf der Staatsgewalt gegen die studentische Protestbewegung, dessen Ziel es ist, Unterdrückung aufrechtzuerhalten, hat den etablierten Journalismus insgesamt dazu gebracht, liberale Attitüden aufzugeben und Komplizentum zu praktizieren; auch die Zeitungen, die eine Schrecksekunde lang bereit schienen, den studentischen Protest inhaltlich zu diskutieren, sind inzwischen dazu übergegangen, ihn nur noch zu diffamieren.

Journalisten geben sich dazu her, denn Journalisten neigen dazu, ihr eigenes Leben mit der Wirklichkeit der Gesellschaft zu verwechseln; Journalisten sind Angestellte, die nichts zu verlieren haben, aber an allem hängen, Journalisten sind arme Schweine. Der Journalist Theo Sommer zum Beispiel, der Johnson die Hand geschüttelt hat, hielt daraufhin sein eigenes Leben für die Wahrheit über Vietnam. Journalisten sind gefährlich; weil sie nicht wissen, wer sie sind, wissen sie nicht, was sie tun.

Der bürgerliche Journalist, der sich in Bildungszusammenhängen sieht, auf seine Sprache achtet, auf Geltung und Einfluß Wert legt, tritt auch mit dem Anspruch auf, ein »Verhältnis« zur Wahrheit zu besitzen, was in seinem Metier nur bedeuten kann: zur gesellschaftlichen Realität, und hier muß man eine Disponiertheit zur Selbsttäuschung konstatieren, die offensichtlich mit seinem Ver-

*hältnis zur Macht zu tun hat. Die eigentümliche Attitüde, von
»hoher Warte« schreiben zu wollen, sich als Ratgeber der Kabinette,
als eingeweiht in die Dinge der Macht, auf der Seite von Ordnung
und Herrschaft zu fühlen, täuscht ihn darüber hinweg, daß der
Journalismus, der nicht auf Aufdeckung von Machtstrukturen aus
ist, sondern an ihnen partizipieren will – unter welchen Vorzei-
chen auch immer –, in Anpassung enden muß. Sie täuscht ihn
bis zu einem Ausmaß, daß der registrierende und beschreibende
Verstand die Beziehung zur politisch-gesellschaftlichen Realität
verliert.*

*Der spezialistische »Virtuose«, der Verkäufer seiner objektivier-
ten und versachlichten Fähigkeiten, wird aber nicht nur Zuschauer
dem gesellschaftlichen Geschehen gegenüber, sondern gerät auch in
eine kontemplative Attitüde zu dem Funktionieren seiner eigenen,
objektivierten und versachlichten Fähigkeiten. Am groteskesten
zeigt sich diese Struktur im Journalismus, wo gerade die Subjektivität selbst, das Wissen, das Temperament, die Ausdrucksfähigkeit
zu einem abstrakten, sowohl von der Persönlichkeit des »Besitzers«
wie von dem materiell-konkreten Wesen der behandelten Gegen-
stände unabhängigen und eigengesetzlich in Gang gesetzten Me-
chanismus wird. Die »Gesinnungslosigkeit« der Journalisten, die
Prostitution ihrer Erlebnisse und Überzeugungen, ist nur als Gipfelpunkt der kapitalistischen Verdinglichung begreifbar.*
Diese Sätze stammen nicht aus einer Analyse der *Frankfurter
Allgemeinen Zeitung* oder der *Zeit*, sondern aus Hans Dieter
Müllers Arbeit über die nationalsozialistische Wochenzeitung
Das Reich und aus dem Buch *Geschichte und Klassenbewußtsein*
von Georg Lukács; weil sie nicht wissen, was sie tun, sind Jour-
nalisten offenbar auch nicht in der Lage, aus den Fehlern von
Journalisten zu lernen.

Von Journalisten, die eine Zeitung verlassen, wird Diskretion erwartet; das ist auch so eine Journalistengewohnheit: was sich in

Redaktionsstuben abspielt, als Privatangelegenheit zu betrachten, obwohl diese Privatangelegenheiten Rotationsmaschinen in Gang setzen.

Ich halte es nicht für richtig, den Anlaß zu verschweigen, der mich dazu nötigte, meine Mitarbeit an der *Zeit* fristlos einzustellen: Die Chefredaktion der *Zeit* hielt es nach dem nur noch zufälligen Erscheinen meines Berichtes über den Frankfurter Prozeß gegen den Studenten Christian Boblenz in der *Zeit* vom 7. Februar 1969 für untragbar, mich weiterhin unabhängig über Prozesse berichten zu lassen.

Es erreichte mich eine Hausmitteilung des stellvertretenden Chefredakteurs Theo Sommer:

Ich wollte Ihnen nur in alter Freundschaft mitteilen, daß ich Ihren letzten Artikel hanebüchen fand. Ob es gute Agitation war, vermag ich nicht zu beurteilen – auf jeden Fall war es schlechter Journalismus. Ich habe ja gar nichts dagegen, wenn man einem Richter Rechtsbeugung vorwirft, aber dann muß das belegt werden. Mit dem Herbeten von stupiden Apo-Floskeln kann es nicht getan sein. Hätte ich den Artikel vor der Drucklegung gesehen, so hätte ich gewiß alles aufgeboten, um sein Erscheinen in dieser Form zu verhindern. Auch habe ich mir vorgenommen, zukünftige Gerichtsberichte aus Ihrer Feder sehr genau im Manuskript zu betrachten. Ich sage Ihnen das in aller Ehrlichkeit; es ist besser, wir wissen beide, woran wir sind.

Was guter Journalismus ist, definierte Theo Sommer, seine pentagonhörige Berichterstattung über den Krieg in Vietnam verteidigend, einmal so: Es sei verantwortungsvollerer politischer Journalismus, aus den richtigen Gründen etwas Falsches zu schreiben, als zuzulassen, daß die falschen Leute aus den falschen Gründen zufällig etwas Richtiges schreiben.

Mein Entschluß, nicht länger dazu beizutragen, daß die *Zeit* manchmal anders aussieht, als sie ist, das gebe ich zu, war auch eine Reaktion auf die Aufforderung, meine Artikel einem Redakteur vom Schlage Theo Sommers zu einer genauen Betrachtung im Manuskript zu überlassen; er war insofern auch eine private Reaktion. Ich halte es für besser, Theo Sommer liest meine Artikel auch in Zukunft erst dann, wenn sie erschienen sind. Sie werden bis auf weiteres in *konkret* erscheinen.

Nachwort
von Henrik Ghanaat

Für Stefan Ripplinger

Mit dem letzten Artikel in diesem Band, seinem ersten für *konkret*, verabschiedet sich Uwe Nettelbeck vom Journalismus. Bis Juli 1969 wird er noch für *konkret* schreiben, später werden in der *Filmkritik*, zweimal noch in der *Zeit* und viel später in der *Jungle World* literarische Sachen von ihm zu lesen sein, da ist er kein Journalist mehr. Warum er keiner mehr sein will, erklärt er hier, im März 1969, *In eigener Sache*.

Der Artikel dreht sich um zwei lange, genau in der Mitte plazierte Zitate. Das eine, von Georg Lukács, bringt den Beruf des Journalisten auf den Begriff der Prostitution. Auf den ist er leichter zu bringen als jeder andere, etwa der einer Prostituierten, die ihre Haut zu Markte trägt und nicht, wie der Journalist, den ganzen Rest, »die Subjektivität selbst, das Wissen, das Temperament, die Ausdrucksfähigkeit«, so Lukács. Die »Prostitution ihrer Erlebnisse und Überzeugungen«, die »Gesinnungslosigkeit« der Journalisten sei nur als »Gipfelpunkt der kapitalistischen Verdinglichung begreifbar«. Der Markt zwingt jeden zur Prostitution, aber nicht jeden im gleichen Maß und keinen in größerem als den Journalisten.

Statt seiner Haut verkauft der Journalist seine Seele, und das Teuflische daran ist, daß er es nicht merkt. Er muß von den Überzeugungen, die er zu haben hat, weil sie verkaufen muß, auch überzeugt sein. So wird er zum Sprachrohr, das hohle Ich spuckt große Töne. Um die »eigentümliche Attitüde«, »von ›hoher Warte‹ schreiben zu wollen«, sich als »Ratgeber der Kabinette, als eingeweiht in die Dinge der Macht, auf der Seite von Ordnung und

Herrschaft zu fühlen«, geht es in dem anderen Zitat. Es stammt aus Hans Dieter Müllers Analyse der nationalsozialistischen Wochenzeitung *Das Reich*, läßt sich aber so mühelos wie auf die von 1969 auf heutige Chefredakteure und Leitartikler beziehen, die dem Präsidenten der USA das Regieren oder den Regierungen Südeuropas das Sparen beibringen wollen. Ein Journalismus, der »nicht auf Aufdeckung von Machtstrukturen aus ist, sondern an ihnen partizipieren will«, muß sich aufspielen, als ob er tatsächlich an ihnen partizipierte, und verliert darüber »die Beziehung zur politisch-gesellschaftlichen Realität«. Journalisten sind arme Teufel, aber sie sind auch »gefährlich«, schreibt Nettelbeck. »Weil sie nicht wissen, wer sie sind, wissen sie nicht, was sie tun.«

Wer als Journalist solch ein Journalist nicht sein will, bekommt es mit welchen zu tun, die es sind. Der *Zeit*-Redakteur Uwe Nettelbeck bekommt es mit Theo Sommer zu tun, 1969 stellvertretender Chefredakteur, bis 2014, den Titel wird er selbst gewählt haben, »Editor-at-Large« der *Zeit*. Sommers Verhältnis zur Macht klärt Nettelbeck mit einem einzigen Satz: »Der Journalist Theo Sommer zum Beispiel, der Johnson« – dem US-Präsidenten – »die Hand geschüttelt hat, hielt daraufhin sein eigenes Leben für die Wahrheit über Vietnam.« Sieben Jahre später, in *Mainz wie es singt und lacht*, seinem ersten Buch, wird Nettelbeck den Machtmenschen Sommer sich selbst erklären lassen und den »offenen Brief« abdrucken, den Sommer dem Kanzler Schmidt, heute tatsächlich Herausgeber der *Zeit*, zum Amtsantritt geschrieben hat. In aller Länge und nur selten unterbrochen von Bemerkungen Nettelbecks wie dieser: »Einmal dazu abgerichtet, sich für eingeweiht in die Interna der Kabinette zu halten, kommen Journalisten leicht auf die schiefe Metapher.«

Der Brief, den der Journalist Theo Sommer am 14. Februar 1969 dem Journalisten Uwe Nettelbeck zustellen läßt, wird Nettelbeck dazu bringen, mit Sommer nicht länger den Beruf teilen zu wollen. Nettelbeck schreibt seit drei Jahren Prozeßberichte, in denen er die Gerichtssäle als besonders finstere Nischen der »politisch-gesellschaftlichen Realität« so hell ausleuchtet, daß manche Leser rot sehen. Der Ärger, den er, den Zuschriften nach zu schließen, vor allem den Juristen unter ihnen bereitet, staut sich im stellvertretenden Chefredakteur an, bis der das einfache Redaktionsmitglied zur Ordnung ruft. Der Bericht über den Prozeß gegen den Theologiestudenten Christian Boblenz, der sich gegen prügelnde Polizisten mit einer Latte zur Wehr gesetzt hatte und dafür zu sieben Monaten Gefängnis auf Bewährung verurteilt worden war, sei »hanebüchen« gewesen, so Sommer. Nettelbeck habe »stupide Apo-Floskeln« hergebetet und dem Richter Rechtsbeugung vorgeworfen, ohne den Vorwurf zu belegen. »Künftige Gerichtsberichte aus Ihrer Feder« werde er »sehr genau im Manuskript betrachten«. Nettelbeck kündigt sofort und dokumentiert Sommers Brief einen Monat später, als Redakteur von *konkret*.

Damit ist die Sache erledigt, bis Sommer 1977 behauptet wird, Nettelbeck habe die »Frankfurter Kaufhaus-Brandstiftung beschönigt« und »die *Zeit* deswegen verlassen«. Nicht der Bericht über Boblenz, sondern der über die Gründer der RAF soll also zu Nettelbecks Abschied geführt haben. »Im übrigen war unsere Linie stets: Gelassenheit kann angesichts der anarchistischen Auswüchse allein nicht ausreichen. Die Obrigkeit muß zugleich ihre Entschlossenheit beweisen, den Rechtsstaat zu verteidigen.«

Bei der *Zeit* angefangen hat Nettelbeck 1962, und Mitte der sechziger Jahre, mit Mitte Zwanzig, ist er einer der bekanntesten Filmkritiker des Landes. Seine Filmkritiken sind besser formuliert als die Theater-, Kunst- oder Konzertkritiken seiner Kollegen. Sie verschaffen nicht nur dem Redakteur Nettelbeck, der auch in der Zeitschrift *Filmkritik* und in der *Zeit* nicht nur über Film schreibt, eine gewisse Popularität, sondern auch dem Film, der in deutschen Feuilletons neben Literatur, Oper und anderer hoher Kultur nicht viel gilt, mehr Gewicht. 1967 beginnt er über Strafprozesse zu berichten, aus eher zufälligem Anlaß: Gerhard Mauz, der Gerichtsreporter des *Spiegel*, fragt ihn, ob er nicht auch einmal eine Gerichtsreportage schreiben wolle. Nettelbeck greift die Anregung auf. In zwei Jahren schreibt er elf Berichte, nicht viele, verglichen mit den Dutzenden von Filmkritiken, aber wer sich an den Journalisten Nettelbeck erinnert, wird sich vermutlich eher als an eine bestimmte Filmkritik an seinen Bericht über den »beispiellosen Fall« Jürgen Bartsch erinnern, über den »Kindsmordprozeß« gegen Ursula Kablau und die »Kaufhausbrandstifter« Andreas Baader, Gudrun Ensslin, Thorwald Proll und Horst Söhnlein.

In diesen Berichten stellt sich Nettelbeck auf die Seite der Angeklagten, der vermeintlichen Täter, die in der Situation vor Gericht keine sind, weil vor Gericht andere am Drücker sind: Staatsanwälte, Gutachter, Richter, der Apparat, die monopolisierte Gewalt des Staates, zu der auch Armee und Polizei gehören. Diese Gewalt übertrifft die jedes einzelnen, was immer er getan haben mag, und wenn sie in Hände gerät, denen sie in Deutschland ausgehändigt worden ist, übertrifft sie jede andere an Brutalität. Das ist in den sechziger Jahren nicht lange her und ein Handlanger wie der Frankfurter Amtsgerichtsdirektor Hans Pietsch, über den Nettelbeck im Bericht über den Boblenz-Prozeß schreibt, er sei »ein treuer, leidlich bezahlter Diener seiner Justiz seit 1943« und neige dazu, »seine Urteilsbegründungen mit Formulierungen wie *nach Herkunft und Veranlagung minderwertig* zu zieren«, als Amtsgerichtsdirektor ein Normalfall.

Nettelbeck richtet sich gegen diese Staatsgewalt, aber nicht gegen jeden ihrer Diener. Wer den Angeklagten entlastet, den entlastet er von der Schuld des Apparats, den ein Richter zwar nicht ändern, vor dem er aber Schutz bieten kann. So schreibt Nettelbeck im Bericht über »den Türken Mahmut und die alte Dame« zugunsten des Hamburger Landgerichtsdirektors Klaus Dietrich Zimmermann: »Aber Mahmut Kaya hatte das Glück, an einen Vorsitzenden zu geraten, der unnachsichtig die Zweifel sammelte, die zugunsten des Angeklagten sprachen.« Der Richter des »Doppelmörders« Eckart Mellentin habe es »nicht fehlen lassen an menschlicher Anstrengung, zu verstehen, Erklärungen zu finden«. Im Fall des US-Offiziers Gerald M. Werner, der seine deutsche Geliebte ertränkt und die Leiche zerstückelt hatte, lobt er Staatsanwalt, Gutachter und Richter für die »untadelige und gewissenhafte« Entscheidung, Werner in eine Heil- und Pflegeanstalt einzuweisen. Eine Entscheidung, die den Mob auf den Publikumsbänken, der sich einen befriedigenden Schluß des enttäuschend verlaufenen Spektakels versprochen hatte, die Sau rauslassen (»Schweinerei! Rübe runter!«) und die Spitzen der Gesellschaft, unter ihnen den Bayreuther Oberbürgermeister, dem Mob zur Seite springen läßt.

Überhaupt richtet sich Nettelbeck zwar von Anfang an gegen die Staatsgewalt, aber nicht von Anfang an vehement. Im Bericht über den Fall Mellentin spricht er vom »Unfaßbaren, das doch in ein Strafmaß gefaßt werden mußte, damit der Ordnung, dem Recht der Sozietät, Ordnung sich zu schaffen und zu erhalten, Genüge geschehen konnte«. Die Gesellschaft hat das Recht, sich Recht zu setzen: Abstrakter als mit diesem Argument läßt sich zugunsten der juristischen Abstraktion nicht argumentieren, und Nettelbeck setzt, indem er kein anderes anführt, präzise einen Effekt von Trostlosigkeit.

Die Schlußsätze greifen das Argument auf. Das Gericht »konnte nicht anders entscheiden. Das Strafgesetz ist nicht für einen, sondern für alle da. Nur trifft es eben immer einen Menschen, der keinem anderen gleicht, und richtet es stets über einen Fall, der ohne Beispiel ist.« Nettelbeck nennt hier, im ersten Bericht und als Resultat ersten Nachdenkens, ein zentrales Motiv seiner Justizkritik. Sie ist Kritik der Verallgemeinerung, die das Strafrecht vornehmen muß, und bekundete Solidarität mit dem einzel-

nen, an dem sie vorgenommen wird. Damit ist sie Gesellschafts-
kritik, denn die Unzulässigkeit der Verallgemeinerung beruht,
wie so gut wie jeder der folgenden Prozeßberichte nachweisen
wird, auf der bürgerlichen Eigentumsordnung, die den einen im
Glück, den anderen im Elend auf die Welt kommen läßt, auch
wenn der Auf- oder Abstieg, darauf fußt die bürgerliche Ideologie, nie unmöglich ist. Das Gesetz verbietet es »Reichen wie Ar-
men, unter Brücken zu schlafen, auf den Straßen zu betteln und
Brot zu stehlen«, sagt Anatole France. Es ist »für alle da«, aber
vor Gericht landen Eckart Mellentin, Ursula Kablau, Gisela
Kreutzmann, Jürgen Bartsch. Justiz ist Klassenjustiz und das
Gericht die Instanz, über die berichtet werden muß, wenn über
die Opfer der bürgerlichen Herrschaft berichtet werden soll: weil
sie hier landen und weil sie hier, so schlimm ihr Leben verlaufen
ist, als vermeintliche Täter mit Schlimmerem zu rechnen haben.
In zwei Artikeln, dem Bericht aus dem Kablau-Prozeß und einer
Rezension des *Neuen Pitaval*, einer Sammlung historischer Kriminalfälle, erwähnt Nettelbeck Paul Schlesinger, genannt Sling,
den Gerichtsberichterstatter der *Vossischen Zeitung*: in den zwan-
ziger Jahren, der wohl besten Zeit des Genres, sein vielleicht be-
ster Vertreter. Für Sling ist »der Mensch, der schießt, ebenso unschuldig wie der Kessel, der explodiert, die Eisenbahnschiene,
die sich verbiegt, der Blitz, der einschlägt, die Lawine, die verschüttet«. Keiner tötet aus freiem Entschluß. Selbst wer aus be-
rechnender Bösartigkeit tötet, entschiede sich dagegen, bösartig
zu sein, wenn er die Wahl hätte. Die Strafe trifft immer Unschuldige, und nur einen Strafzweck läßt Sling gelten, die Abschrek-
kung: Wir strafen »Unschuldige, um andere Unschuldige von
der Explosion abzuschrecken«. Ein zum Tode verurteilter Mörder stirbt also für die Gesellschaft, weshalb die Gesellschaft ihn
nicht verachten, sondern sich bei ihm bedanken sollte.
Im Neoliberalismus ist die pauschale Unschuldsvermutung un-
denkbar geworden. Jeder ist seines Unglücks Schmied, erst recht,

wer andern Unglück bringt. Daß sich in den neunziger Jahren das Mitgefühl vom Täter zum Opfer verschob, signalisierte den Aufstieg der neoliberalen Ideologie. Der Täter erscheint als Zerrbild des Ideals, dem alle folgen sollen, obwohl es keiner kann: Er parodiert den Unternehmer, sucht seinen Vorteil und setzt sich über das Gesetz hinweg wie der Macher über Bürokratie und Konkurrenz. Die Identifikation mit ihm muß fehlschlagen. Um so leichter gelingt die mit seinen Opfern, aus deren Sicht er grundlos zuschlägt wie die anonyme Marktgewalt, der nun alle ausgeliefert sind. – Zur Verschiebung wird beigetragen haben, daß in Rostock und Mölln Täter auftraten, mit denen sich schlecht mitfühlen ließ. Nazis gab es allerdings schon vorher, und die paar NS-Bonzen und -Schergen, die belangt wurden, hatten sich über einen Mangel an Mitgefühl nicht beklagen können. Sling starb, bevor er über sie schreiben konnte. Nimmt man ihn ernst, müßte die Unschuldsvermutung auch für sie gelten: ein Gedanke, der unerträglich, aber deshalb nicht widerlegt ist. Nettelbeck hat, vielleicht im Bewußtsein dieses Dilemmas, nicht über NS-Prozesse berichtet. Hätte er es, so hätte er für die Schwachen plädiert, und das waren in diesen Fällen nicht die Angeklagten, die als Staatsdiener von ihren Nachfolgern nicht viel zu fürchten hatten, und oft die Überlebenden, wenn sie, als Zeugen von deutschen Verteidigern verhört, der zum Freispruch erforderlichen Gedächtnislücken überführt wurden.

In ihren Strafprozessen verurteilt, in ihren Gefängnissen straft die bürgerliche Gesellschaft Unschuldige, die sie schon gestraft hat. Die Abwehr, auf die dieser Gedanke heute trifft, formuliert etwa Alice Schwarzer, die Gerhard Mauz einen »unermüdlichen Täterversteher« nennt und der zu den Verfassern der beiden großen Berichte aus dem Bartsch-Prozeß, Ulrike Meinhof und Uwe Nettelbeck, einfällt: »Beide AutorInnen loten die psychosoziale Situation des Täters aus und dessen gesellschaftlichen Kontext, erwähnen die Opfer jedoch mit keinem Wort mehr. Diese Töchter und Söhne der von ihnen so verdammten Nazis identifizierten sich also wieder einmal ausschließlich mit den Tätern.« Jürgen Bartsch war Täter, die Nazis waren Täter: eine Gleichsetzung, deren ganze Infamie sich erst erschließt, wenn man Nettelbecks Artikelserie über Bartsch liest. Keinen Leser werden die Taten des Jürgen Bartsch an die Massaker der Nazis erinnern, aber jeden halbwegs sensiblen die gewöhnlichen Härten und Grausamkeiten, unter denen er aufwuchs und denen er nicht gewachsen war, an ihre entfesselten und die Sprachlosigkeit seiner Beziehungen an das Schweigen aller über das, was passiert war. Niemand hatte Bartsch »die Sprache, in der er über sein Unglück hätte sprechen können, gelehrt«. Die Sprachlosigkeit, ob vor Gericht oder im Leben vor der Tat, sagt mehr über die Angeklagten, als sie sagen könnten, wenn sie Sprache hätten. Auf den Autofahrten spricht der Vater nicht mit Jürgen, er hört Radio. Am Wochenende dröhnt der Fernsehapparat. Selbst ein Priester, dem Bartsch sich anvertraut, hört nur auf das Gebot seiner Kirche und hat für Bartsch kein gutes Wort. Ursula Kablau fallen keine hieb- und stichfesten Antworten ein, mit denen sie die Hiebe und Stiche der Polizisten parieren könnte. So gelingt es ihrem beredsamen Mann, ihr den Mord an der Tochter in die Schuhe zu schieben. Eckart Mellentin kann zwar reden wie ein Buch, aber wie ein jämmerlich zusammengestümpertes. Er drischt Phrasen vor dem Richter, um dem hohen Herrn zu bedeuten, er sei seinesgleichen. So redet er sich um Kopf und Kragen. Es ist eine Sprachlosigkeit nicht nur der Angeklagten, sondern ihrer Welt, die unsere ist, hier aber fremd erscheint, als die Wüste, als die sie gezeigt werden muß. Die Kunst, mit der der Berichterstatter diese Sprachlosigkeit, die Stummheit und Taubheit der Menschen und ihrer Verhältnisse, zur Sprache bringt, bildet den größten Kontrast zu ihr. Stil ist hier unmittelbar moralisch, bestimmt das Elend in seinen Details in seinem ganzen Ausmaß. »Kurz vor dem Mittagessen am 5. Januar, sie habe *Arme*

Ritter gemacht, habe er plötzlich vor ihr gestanden«, läßt Nettelbeck Ursula Kablau über ihren Mann sagen. Der Name des lustigen Rezepts ist von herzzerreißender Traurigkeit, verweist auch, so schlicht und schön wie kein zweiter, auf den Klassenwiderspruch. Vom Metzger Gerhard Bartsch, Vater des Kindes, das Kinder tötete, heißt es, daß er an Sonntagen »seine Familie ausfuhr«: nicht »ausführte«, sondern »ausfuhr« wie unter der Woche im Lieferwagen die Ware, das Fleisch. Der erste, wunderschön gegliederte Satz über den »Mordprozeß Kreutzmann« stellt sofort klar, wozu Gisela Kreutzmann von Jugend an verurteilt war und warum sie nicht wegen Mordes verurteilt werden darf: »Im Jahre 1957 verließ das damals sechzehnjährige Mädchen Gisela Kreutzmann die Stadt Halle und die DDR, seine nur doppelt so alte Mutter und den neunundzwanzigjährigen Stiefvater, der das Mädchen, das die Schwester seiner Frau hätte sein können, der Mutter vorzog, wenn er getrunken hatte.«
Schönheit rechtfertigt sich im Kontrast zum Häßlichen, gut schreiben zu können bedeutet den Auftrag, über Schlechtes zu schreiben: Man muß das Finstere hell ausleuchten. Das verbindet den Journalisten mit dem Schriftsteller Uwe Nettelbeck, der Schönes und Scheußliches zu Schönem montiert und aufs Schönste kommentiert. Nettelbecks schriftstellerisches Werk erzählt, ohne zu erfinden. Häufig bedient er sich vorgefundener Texte. Schönes erscheint schöner denn je, aber auch das Scheußliche gewinnt eine eigentümliche Schönheit: das Gefasel im Fernsehen, der Schriftsatz eines Anwalts oder, in *Mainz wie es singt und lacht*, Geiz, Gift und Schleim des Kulturbetriebs, dargelegt in Briefen von Verlegern, Lektoren, Anstaltsabteilungsleitern. Die Montage erweist die Schäbigkeit des Vorgefundenen, doch je schäbiger es ist, desto größer ist auch das Wunder seiner Verwandlung, das sie umstandslos zustande bringt.
Das späte Hauptwerk, die unveröffentlichte Montage *Karl Philipp Moritz*, umfasst »10 000 Seiten deutsches Elend«: eine Urge-

schichte auch des Nationalsozialismus, »die Szene ist Deutschland, Mitte bis Ende des 18. Jahrhunderts«, und Moritz, der Begründer der Autonomieästhetik, ist in Gegensatz gesetzt zum Volk der Freiheitsverächter, unter dem er lebte, und dem Großen Fritz, der es regierte. Im ersten Band schildert Nettelbeck die unbarmherzige Abrichtung des preußischen Kronprinzen zum Herrscher. Er schildert sie detaillierter, als der Journalist die Abrichtung eines Jürgen Bartsch schildern kann, die Katastrophe zerstörter Jugend aber zeigen Journalist und Schriftsteller, und beide zeigen sie als Ursache noch schlimmerer Katastrophen. Beide untersuchen Grausamkeit und Härte als deutsches Problem, und gemeinsam demonstrieren sie ihre Kontinuität und Unentrinnbarkeit und gestalten das haarsträubende Bild einer Nation, die in diesem Punkt keine Epochen und keine Klassen kennt und einen Prinzen des 18. Jahrhunderts mißhandelt wie einen Metzgerlehrling des 20.

Das andere Hauptwerk sind die dreißig Bände der Zeitschrift *Die Republik*, herausgegeben von Petra und Uwe Nettelbeck. 1976 erscheint der erste Band, der letzte 2008, herausgegeben aus Uwe Nettelbecks Nachlaß. In der *Republik* geht es von Anfang an und später fast ausschließlich um Literatur, am ausführlichsten um Flaubert, Melville, Moritz. Die Schönheit ihrer Werke widerlegt das Häßliche, das Übersetzer, Professoren, Journalisten mit ihnen anstellen, und die Schönheit der Montagen, zu denen Nettelbeck Literatur und Betrieb zusammenführt, besiegelt diese Widerlegung. So wird der Schriftsteller Uwe Nettelbeck besser mit dem Elend fertig, als es der Journalist werden kann. Der Journalist kann den Mist nur beschreiben, den die Montage des Schriftstellers vor dem Leser auftürmt, und die Kunst, aus Mist zu bauen, vergoldet ihn. Die oft komplizierten, oft ellenlangen Sätze des Schriftstellers Nettelbeck haben einen ähnlichen Effekt: Sie registrieren das große Brimborium, das der Betrieb veranstaltet, und kriegen es klein, indem sie es übertrumpfen.

Journalist und Schriftsteller setzen die Schönheit gegen das Elend, aber es ist nicht dasselbe Elend. Der Journalist kann das Unrecht der Richter nicht aus der Welt schaffen. Aber der Schriftsteller kann den Unsinn, der mit Schriftstellern veranstaltet wird, aus der Welt schreiben. Er führt Literaturprozesse, und die kann er gewinnen. Von den Verderbern Melvilles schreibt Nettelbeck, »aus der absoluten Asche solchen Plunders« steige das Bild »eines gegen ihn gelebten Lebens«. In der Literatur haben die Schriftsteller das letzte Wort, und von der Asche des Plunders wird nur bleiben, was Nettelbeck von ihr aufbewahrt, auch wenn sich, das läßt sich nicht verhindern, pausenlos neuer Plunder anhäuft. Der Prozeßberichterstatter kann nur Bericht erstatten. Er kann die Geschichte nicht ändern wie der Schriftsteller die Literaturgeschichte, und die Beschreibung dessen, was eine Ursula Kablau gelitten hat, kann ihr Leid nicht lindern und nur selten bewirken, daß ihr wenigstens vor Gericht Gerechtigkeit widerfährt.

Einem konventionell erzählenden Schriftsteller verwandt ist der Journalist, wenn ihm die Fiktionen bewußt sind, die »auf dem Spielplan eines Gerichts zur Verhandlung erscheinen«. Das Gericht ist ein Spielplan, rechtliche Sanktionen beruhen auf Fiktionen, weil nie klar ist, was wirklich passiert ist. Zwischen den Beweismitteln klaffen Lücken, in die sich Erfindungen, Erwartungen, Wünsche schieben können, etwa die »Vergeltungswünsche«, vor denen Nettelbeck in seinem Artikel über den Fall Klaus Lehnert warnt. Drei Jahre hatte Lehnert die Polizei genarrt, bevor er zugab, den siebenjährigen Timo Rinnelt getötet zu haben. Warum er es getan hat, erklärt er vor Gericht so wenig, wie es die auf ihn angesetzten Gutachter, unter ihnen ein nicht besonders raffiniert verkappter Nationalsozialist, erklären können. Von zwei Gutachtern sagt Nettelbeck, sie hätten sich »im Genre« geirrt: Auch sie liefern Erzählungen, Fiktionen. Bloße Annahme, also Fiktion, ist die Willensfreiheit, die das Strafrecht voraussetzen muß, wenn es den Angeklagten zur Verantwortung ziehen will. Nettelbeck stellt ihr – wie Sling – die »Unfreiheit« entgegen, die »vorläufig gegen die Fiktion von der Willenskraft erfunden« werden muß. Der Berichterstatter muß den Fiktionen des Gerichts eigene gegenüber-, meist entgegenstellen. Er kann sich nicht, wie es Journalisten gern tun, auf die Wirklichkeit berufen. Ob die Fiktion der Freiheit oder die Fiktion der Unfreiheit der Wahrheit näher kommt, läßt sich nicht entscheiden. Fest steht nur, welche einen Menschen ins Gefängnis führt. Und darauf, daß ein Mensch, von dem für andere Menschen keine größere Gefahr ausgeht als von anderen Menschen, nicht hinter Gitter gehört, beruft sich der Journalist Uwe Nettelbeck: also nicht auf die Wirklichkeit, wie sie ist, sondern auf die Wirklichkeit, wie sie sein sollte.

Die »Fiktion von der Willenskraft«, den »Spielplan des Gerichts« erwähnt Nettelbeck in dem Artikel »Wie das Leben so schreibt«, den er 1968 in der *Zeit*, acht Jahre später, überarbeitet, in *Mainz wie es singt und lacht* veröffentlicht. Er reagiert mit ihm auf ein Buch, mit dem der Schriftsteller Martin Walser auf Nettelbecks Bericht über den Prozeß Kreutzmann reagiert hatte. Walser hatte Gisela Kreutzmann im Gefängnis besucht und aus dem Leben der Frau, die die Ehefrau ihres Geliebten erschossen hatte, eine Geschichte gemacht. Diese Geschichte sollte aber vom Leben geschrieben sein: Kreutzmann selbst notierte sie auf Walsers Wunsch, um sie dann nach seinen Wünschen, also vermutlich an den Sexstellen, mit »mehr Farbe« zu versehen. Walsers Verlag Suhrkamp brachte sie als Buch einer Ursula Trauberg unter dem Titel *Vorleben* auf den Markt. Was dabei herausgekommen ist, zieht Nettelbeck »die Schuhe aus«. Traubergs triefender Kitsch denunziert das Leben, von dem er angeblich berichtet, und hilft nebenbei dem Schriftsteller Walser, den die gerade angesagte dokumentarische Literatur in »ästhetische Verlegenheit« gebracht hat, aus der Klemme.

Im Prozeß gegen Jürgen Bartsch gestaltet Nettelbeck die Unfreiheit des Angeklagten gegen den Vorsatz der Gutachter, das vermeintliche Ungeheuer, das aber auch »ein normales und überdies intelligentes Ungeheuer« sein soll, für seine Ungeheuerlichkeiten büßen zu lassen. Nettelbeck leitet das, was Bartsch Kindern angetan hat, aus Tatbeständen seiner Jugend ab, ohne eine Notwendigkeit zu behaupten. Seine Psychologie ist nicht mechanisch, sondern künstlerisch: Das Grauen spricht Bände, bevor die Katastrophe zum Himmel schreit. Ein Motiv ist die Metzgerlehre, in die Bartsch gesteckt wurde, obwohl ihn das Handwerk des Vaters abstieß. Wer Metzger wird, muß üben, wie man Tiere absticht, ausnimmt, zerteilt. Anders als *Spiegel*-Reporter Mauz, der 1976 anläßlich des Todes von Bartsch den »Jahrhundertfall« zum bedauerlichen Normalfall erklären wird (»Wir wissen, wir müssen wissen, wozu der Mensch fähig ist«), besteht Nettelbeck auf seiner »Beispiellosigkeit«. Sie liegt in dem Licht, das er auf monströse Züge der Normalität wirft. Mauz konstatiert die Normalität des Verbrechens, Nettelbeck das Verbrechen der Normalität. In dieser Hinsicht ähnelt sein Bericht dem von Ulrike Meinhof, die sich allerdings, als Marxistin, so genau, wie es beim ersten Lesen scheint, dieses Leben nicht angesehen hat, das historisch-materialistische Gesetz hinter der Geschichte sucht, das eine Abstraktion wie das juristische, ihm allerdings vorzuziehen ist.

Zum Mitgefühl für den Angeklagten, den die gesellschaftliche Ordnung für das zur Verantwortung zieht, was sie aus ihm gemacht hat, gehört die Solidarität mit dem Outlaw, wenn er versucht, sie zu übervorteilen. Nettelbecks Spott für Jürgen Henschel, den »Pechvogel als Kidnapper«, klingt wie die milde Fassung des Tadels, den ein Profi dem Tollpatsch erteilte. Statt den Grusel, entführt zu werden, den so gut wie alle Zeitungsberichte über Entführungsfälle zu bieten versuchen, beschreibt Nettelbeck das Pech des Entführers. Ein kleiner Fisch wie Henschel konnte das »große Ding« nur vermasseln, das weist der Artikel mit vielen Zitaten nach. Aber zu sagen, er habe es vermasselt, heißt, daß es hätte klappen sollen. Die krumme Tour hätte etwas begradigt. Das läßt sich in einer bürgerlichen Zeitung nicht offen sagen, Nettelbecks Spott verhehlt es. – Die Profis, die einem Dilettanten wie Henschel etwas beibringen könnten, wenn er nicht vom Pech verfolgt wäre, darf man sich vielleicht vorstellen wie die des Regisseurs Jean-Pierre Melville, dessen Gangsterfilme wie alle guten den Gangstern Denkmäler errichten. Nettelbeck wird Melville noch im letzten Band der *Republik* zu seinen Lieblingsregisseuren zählen.

Ist jeder unschuldig, sind es sogar die Juristen. Im Bericht über den Prozeß gegen Christian Boblenz enthebt Nettelbeck mit dem Richter Hans Pietsch und dem Staatsanwalt Wolfgang Uchmann auch ausgesprochene Justiztäter der Täterschaft. Uchmann, der in der Verhandlung von Demonstranten als »diesen Elementen« spricht, ist ihm ein »trauriger Staatsanwalt«, wenn auch ein gefährlicher, da erfolgreicher. Und mit Amtsgerichtsdirektor Hans Pietsch, dem »leidlich bezahlten Diener seiner Justiz seit 1943«, sitzt »auf dem Stuhl des Vorsitzenden ein Opfer des Apparates«, der es »an sich hat, auch seine treuesten Diener nicht zu schonen; das Opfer einer alles in allem noch vorwissenschaftlichen, autoritätsfixierten Ausbildung, die ihre Objekte weniger bildet als diszipliniert, einer Laufbahn, die dem, der sie einschlägt, ständige Subordination abverlangt, einer Tradition schließlich, die unter der Oberfläche scheinbar demokratischer Regelungen vordemokratische Denkweisen konserviert. Hans Pietsch repräsentierte nach Kräften das Elend seiner Justiz, deren endliche Humanisierung noch immer aussteht, die zur Aufrechterhaltung der jeweils herrschenden Ordnung noch immer bereit ist, Unterdrückung zu praktizieren.«

Autoritätsfixierte Ausbildung, ständige Subordination, vordemokratische Denkweisen: Nettelbeck kritisiert, was um 1968 auch linke Juristen kritisieren, Studenten wie die Gründer der

Zeitschrift *Kritische Justiz*, Professoren wie Rudolf Wiethölter, Autor des Bestsellers *Funk-Kolleg Recht*. Der hessische Richterbund fordert 1969 im *Spiegel* einen »tiefgreifenden Strukturwandel innerhalb der Justiz«. Es werde wohl »erst dann etwas geschehen, wenn die Seminare und die Bonner Rosenburg« – Sitz des Justizministeriums – »in Brand gesteckt werden«. Der Bielefelder Amtsrichter Helmut Ostermeyer veröffentlicht 1971 *Strafunrecht*, eine psychoanalytische Kritik der »Gerechtigkeitsmaschine«: »Bestrafung Krimineller ist Rache, Selbstbestrafung und Selbstbestätigung: affektive Triebbefriedigung also.« Bekannter als das Buch wird der »Beförderungsstopp«, den es seinem Autor einhandelt. Ostermeyer ist es auch, der in einem Aufsatz die »Gerichtsreportage als repressives Ritual« beschreibt. Von August bis Oktober 1971 liest er alles, was die Zeitung *Neue Westfälische* zur Tätigkeit deutscher Gerichte druckt. Die Tätigkeit der Journalisten ist grausamer, betreibt die »moralische Vernichtung des Angeklagten«, der auf jede erdenkliche Weise geschmäht wird: »Unhold«, »Ganove«, »diebische Elster«, »Spitzbube«, »geltungssüchtiger Habenichts«, »Drückeberger auf der ganzen Linie«.

Daß man sich statt an solchen Dreck eher an die Prozeßberichte von Uwe Nettelbeck oder Ulrike Meinhof erinnert, sollte nicht vergessen machen, daß es damals fast nur solchen Dreck zu lesen gab. Das mag sich gebessert haben, heute gibt es alles, also nicht nur Dreck, aber der, den es immer noch gibt, ist scheußlicher geworden. Populäre Sammlungen aktueller Kriminalfälle tragen Titel wie *Jenseits von Böse: Kranke Verbrechen – die krassesten Fälle einer Gerichtsreporterin*, *Am Dienstag habe ich meinen Vater zersägt: Die härtesten Fälle einer Gerichtsreporterin* oder *Aus reiner Mordlust: Der Serienmordexperte über Thrill-Killer*. Die moralische Vernichtung solcher Angeklagten, der allerschwächsten, zu ihren Taten getriebenen, beruft sich auf ihr Vernichtungspotenzial, das sie offenbar unwiderstehlich, furchtbar und anbetungswürdig macht, an Mächte erinnern läßt, gegen die man nichts machen kann, weshalb man gegen die Angeklagten alles machen muß.

Bevor Nettelbeck selbst Justizorgane vom Schlage eines Hans Pietsch zu Opfern des Apparates erklärt, führt er sie elegant als die wahren Täter vor. Richter Pietsch habe im Prozeß gegen den Studenten Boblenz, der sich mit einer Latte gegen die Knüppel der Polizisten zu wehren versuchte, »mehr um sich geschlagen als verhandelt«. Der wahre Brandstifter im Prozeß gegen die »Frankfurter Kaufhausbrandstifter« ist der Staatsanwalt Walter Griebel, der sich im Zuge einer »außerordentlich freien Beweiswürdigung« als »rechter Feuerteufel« erwies und sich die Freiheit nahm, »den Parkettfußboden in der vierten Etage des Kaufhauses Kaufhof anzuzünden«. Über die Ermittlungen gegen Ursula Kablau, angeklagt der Ermordung ihrer Tochter, heißt es: »Aus dem Tötungsfall zum Nachteil des Kindes Beate wurde auch ein Ermittlungsfall zum Nachteil der Frankfurter Kriminalpolizei.« Später ist von der »Leiche im Keller der Kripo« die Rede.

Es ist ein ernstes Spiel, das der Berichterstatter hier spielt: eine Umkehrung der Rollen, die nicht nur die Justiztäter, sondern die falsche Verteilung der Rollen im Gerichtssaal entlarven soll und mit ihr die Verteilung der gesellschaftlichen Macht. Nettelbeck dreht das System um, um zu zeigen, daß es auf dem Kopf steht. Das geschieht oft subtil, etwa im ersten Satz des Berichts über den Fall Bartsch, in dem den Prozeßbeobachtern vor Betreten des Saals »Polizistenhände unter die Jacke und die Hosenbeine entlang« fahren, der Staat also sofort Scherereien macht. Der zweite Satz liefert die Begründung: »Morddrohungen aus der aufgebrachten Wuppertaler Bevölkerung begleiten den Mordprozeß.« Nicht Bartsch ist der Mörder, und wer weiß, ob er getötet hätte, wäre er nicht unter Mördern aufgewachsen.

Auch die APO, deren Justizkampagne Nettelbeck unterstützt, stellt die Justiz auf den Kopf. Daß Linke Prozesse gegen Demonstranten und Kommunarden stören, hält er für »ein ohnmächtiges, aber im Augenblick das einzige Mittel, der politischen Isolierung und Kriminalisierung dieser Angeklagten, dem Unrecht entgegenzutreten, das an ihnen vollstreckt werden soll«. Die Angeklagten und das mit ihnen solidarische Publikum verhöhnen das Recht, verletzen die Spielregeln, statt länger zu hoffen, daß sie sich nach ihnen Recht verschaffen können. Nettelbeck verschafft ihnen die Aufmerksamkeit, die er ihnen als Redakteur der *Zeit* verschaffen kann, indem er seinerseits die Regeln strapaziert, an die sich der Redakteur einer bürgerlichen Zeitung zu halten hat. In »Recht hat, wer zuletzt lacht«, seinem Beitrag zur *Zeit*-Debatte »Kunst als Ware«, bringt er zweimal die Nummer eines linken Rechtshilfekontos unter, um ansonsten »Leserverwirrspiele« zu treiben, Briefe an die Frauenzeitschrift *Constanze* zu zitieren und zu bedauern, daß er seine Artikel nicht mit dem Namen der *Zeit*-Chefredakteurin Marion Gräfin Dönhoff zeichnen darf, »tue ich es doch, wäre Rudolf Walter Leonhardt«, der Leiter des Feuilletons, »gezwungen, den Lesern diese Kaprice in einem Vorspruch auszuweisen. Also lasse ich es«, Punkt, Absatz, »Schade«, Punkt, Absatz.

Nicht jeder Leserbriefschreiber aus der APO weiß Nettelbecks Unterstützung zu schätzen. Ulrike Meinhof wird ihm nach seinem Wechsel zu *konkret*, der Zeitschrift, für die sie ihre Kolumnen geschrieben hat, die sie jetzt aber als »Instrument der Konterrevolution« bekämpft, »Anbiederungsversuche« unterstellen. Die politische Differenz zwischen Meinhof und Nettelbeck zeichnet sich bereits zuvor ab, in ihren Artikeln über die »Kaufhausbrandstifter«. Beide lehnen Brandstiftung als politisches Mittel ab, aber Meinhof sieht »in der Kriminalität der Tat, im Gesetzesbruch« ein »progressives Moment«, während Nettelbeck vor allem die staatliche Gewalt sieht, die zu spüren bekommt, wer den Gesetzesbruch wagt. 1967 traut er in seiner Artikelserie über »die Kinder von Sergeant Pepper und Mary Jane« den Hippies noch die große Weigerung zu. In der Eskalation des Jahres 1968 sieht er nicht Befreiung, sondern Mobilisierung staatlicher Repression.

Meinhof wird mit Baader und Ensslin die RAF gründen und als Theoretikerin der RAF Mao zitieren: »Wenn der Feind uns bekämpft, ist das gut und nicht schlecht.« Für Nettelbeck steht fest: Es ist schlecht, denn die bürgerliche Herrschaft steht nicht in Frage. Die Schläge, die Horst Söhnlein im Gefängnis einstecken muß, dienen nicht der Revolution, sondern schaden Horst Söhnlein, der sich allerdings noch gegen sie wehren, Rechtsmittel einlegen kann. Die ausländischen Arbeiter, die im selben Gefängnis wegen Paßvergehen einsitzen, können sich nicht wehren, weil sie sich keinen Dolmetscher leisten können. »Sie werden oft monatelang geschunden, ehe sie schließlich abgeschoben werden, falls es noch etwas abzuschieben gibt.« Das schreibt Nettelbeck im Mai 1969.

Im August 1969 endet seine Zeit bei *konkret*. Verleger Klaus Rainer Röhl kündigt ihm. Der Redakteur, der vom ersten Artikel an auch gegen den Verleger geschrieben hat, ist ihm lästig geworden. Die Staatsgewalt rüstet auf. Der Schriftsteller Uwe Nettelbeck beschäftigt sich weiterhin mit ihr.

In der *Republik* veröffentlicht er in fünf Folgen *Fantômas*, seine »Sittengeschichte des Erkennungsdienstes«. 1979 bringt er sie, erweitert auf 920 Seiten, als Buch heraus. *Fantômas* belegt mit einer Akribie, die der Akribie der Strafverfolgungsbehörden ebenbürtig ist, ihre Inhumanität. Es ist der schärfste Angriff gegen den Polizeistaat, der im Polizeistaat erschienen ist. Ermittelt wird gegen den gesamten Apparat, vom BKA-Präsidenten bis zu XY-Zimmermann. Nettelbecks böser Blick für seine Bösartigkeit zeigt sie als absolute, vollendete, makellose. Polizisten sind »die besseren Schriftsteller«, schreibt Nettelbeck. BKA-Präsident Horst Herold etwa, Schöpfer der Rasterfahndung und des »Kommissar Computer«. Oder sein Nachfolger Jörg Ziercke, der von 2004 bis 2014 waltet, es aber schon 1979 in Nettel-becks »Sittengeschichte« und damit in die Literaturgeschichte schafft. Was Ziercke zum »totalen Verständnis der Straftaten-/Straftäterdatei« sagen will, läßt sich nicht besser sagen, als es Ziercke gelingt: »Die mehrdimensionale Durchdringung der Da-teien mit beliebigen Verknüpfungen von Datenelementen zur Er-kennung signifikanter Korrelationen ist Grundlage der Realisie-rungsbereitschaft auf kriminalpolitischer Ebene.« Nur ein Satz aus Dutzenden der Zukunft überlieferten, in denen der Meister-polizist Unsägliches zu sagen versteht, und das ist, wenn man es, um der Kälte dieses Denkens gewachsen zu sein, kalten Her-zens erwägt, tatsächlich große Kunst.

Nach *Fantômas* wendet sich Nettelbeck anderem zu. Die letzten Zeilen des Buchs sind sein letztes Wort zum Thema. Sie be-stehen aus einem Zitat, die Quelle ist angegeben. Sie lauten:

Wandinschriften und Selbstbekenntnisse gefangener Verbrecher. In den Zellen der Verbrecher gesammelt von Cesare Lombroso, Turin 1890: »Ich würde gern unter den furchtbarsten Qualen ster-ben, wenn ich sehen könnte, wie der Henker von Präsident samt seinen Richtern und der Staatsanwalt nebst seinen Gehülfen mit dem Darm des letzten Polizisten erdrosselt würde.«

Der Text folgt den Erstdrucken ohne Änderung. Verbessert wurden lediglich Schreibversehen sowie Falschschreibungen von Namen oder Titeln.
Für ihre Mitarbeit danke ich
Daniel Funke, Henrik Ghanaat, Felix Reidenbach und Stefan Ripplinger.

Petra Nettelbeck

Textnachweise

»Ich hatte doch keinen Grund. Der Fall des Malergesellen Eckart Mellentin, der zum Doppelmörder wurde«, in: *Die Zeit* 4/1967.

»Ich hab' doch solche Angst gehabt vor dem Mann. Ein Leben ohne Chance – Der Frankfurter Kindsmordprozeß gegen Ursula Kablau (I)«, in: *Die Zeit* 8/1967.

»Ich wollte nicht, daß meine zweite Ehe kaputt ging. Das Doppelleben des Mannes – Der Frankfurter Kindsmordprozeß gegen Ursula Kablau (II)«, in: *Die Zeit* 9/1967.

»Die dreizehn Tage des Oberamtsrichters Maul. Witze in der Hauptverhandlung – Der Frankfurter Kindsmordprozeß gegen Ursula Kablau (III und Schluß)«, in: *Die Zeit* 10/1967.

»Ein Mord, der ohne Strafe bleiben mußte. Der Türke Mahmut und die alte Dame«, in: *Die Zeit* 12/1967.

»Recht in höchster Instanz. Eine Revisionsverhandlung des Bundesgerichtshofs – Paragraph 51, Absatz eins oder zwei? – Im Namen des Volkes gegen Volkes Stimme«, in: *Die Zeit* 16/1967.

»Pechvogel als Kidnapper«, in: *Die Zeit* 17/1967.

»Und dann hat sie geschossen. Mordprozeß Kreutzmann – Eine beinahe alltägliche Geschichte vom Mädchen, das dem Leben nicht gewachsen war«, in: *Die Zeit* 27/1967.

»›Das war kein Amüsement für mich, Herr Richter‹. Der Prozeß gegen Jürgen Bartsch – Ein beispielloser Fall«, in: *Die Zeit* 49/1967.

»Sein Leben – abgestimmt auf die Uhr der Mutter. Ein beispielloser Fall – Der Prozeß gegen Jürgen Bartsch (II)«, in: *Die Zeit* 50/1967.

»›Ich bin heute noch froh, daß alles herauskam‹. Ein beispielloser Fall – Der Prozeß gegen Jürgen Bartsch (III)«, in: *Die Zeit* 51/1967.

»Es geschah im VW. Sie nennen es einen Sittenprozeß«, in: *Die Zeit* 12/1968.

»Nur ein Bild des toten Timo. Notizen aus dem Prozeß gegen Klaus Lehnert«, in: *Die Zeit* 31/1968.

»Der Frankfurter Brandstifter-Prozeß. Viermal drei Jahre Zuchthaus für eine sinnlose Demonstration«, in: *Die Zeit* 45/1968.

»Die Justiz ist kein Papiertiger. Der Frankfurter Prozeß gegen den Theologiestudenten Christian Boblenz«, in: *Die Zeit* 4/1969.

»Es wird verurteilt – auf Biegen und Brechen. Der Frankfurter Prozeß gegen den Theologiestudenten Christian Boblenz«, in: *Die Zeit* 6/1969.

»In eigener Sache«, in: *konkret* 6/1969.